KB193907

하느님의 강한 무기로 무장하십시오
— 우리의 영적 친구들

PUT ON GOD'S MIGHTY ARMOUR

・・・・에드가르도 M. 아렐야노 지음 ■ 김현태 옮김

철학과현실사

Put On God's Mighty Armour

by Edgardo M. Arellano

Nihil Obstat :
Rev. James Choi
Censor Librorum
Imprimatur :
Most Rev. Boniface CHOI KI-San, D.D.
Episc. Incheon
2006. 6. 22.

머리말

『당신의 영적 투쟁을 승리로 이끄는 방법(*How to Win Your Spiritual Warfare*)』(1권)에서 우리는 루치펠과 그의 악신들에 대한 활동 방식(modus operandi)을 드러냈다. 우리는 루치펠이 우리를 속여 칠죄종의 대죄를 짓도록 유혹하기 위해 빛의 천사(Angel of Light)로 가장하고, 평범하고 특별한 두 가지 수단으로 우리를 공격하며, 묵시록에 나오는 "**붉은 용**", "**흙색 표범**"과 "탕녀(Harlot)"로 이 세상에 어떻게 군림하고 있는지를 알게 되었다.

루치펠에 대항하려고 하는데 어떤 의미가 있는 것일까? 우리와 같이 죽어야 할 평범한 인간들이 사탄과 투쟁하여 … 승리를 얻어낼 수 있단 말인가? 이 책은 예라고 하면서 거기에는 한 가지 방법이 있다고 응답한다. 그리고 이 책은 어떻게 해야 하는지 그 방법에 대해서도 알려준다.

『하느님의 강한 무기로 무장하십시오(*Put On God's Mighty Armour*)』(『당신의 영적 투쟁을 승리로 이끄는 방법』의 속편)라는 이 책은 우리의 진정한 친구와 이 영적 전투에서 사용할 무기들에 대해 알려준다. 그것은 성령의 "일곱 가지 은사(seven gifts)"가 우리 영혼을 얼마나 튼튼하게 하는지 상세하게 말해주며, 예수님의 복음 삼덕과 "어둠의 세력"을 정복하기 위해 우리가 이 덕행을 어떻게 실천에 옮길 수 있는지에 대해서도 설명해준다. 또한 이 책은 복되신 성모 마리아가 뱀의 머리를 짓부수시는 데 사용한 다섯 가지 무기에 대해서도 말해준다. 그것은 우리에게 사탄의 공격에 대항하는 강한 무기들인 성사(聖事, sacrament)들과 준성사(準聖事, sacramental)들을 상기시킨다.

마지막으로『하느님의 강한 무기로 무장하십시오』라는 이 책은 우리의 싸움에서 악마가 끊임없이 싸워 이기고자 사용하는 매일의 압박을 증언해주고 있다. 우리가 태만이나 주의의 결핍으로 하느님이 일하시게 해드리지 않는다면 악마가 일할 수밖에 없다.

하느님은 그분의 섭리 안에서 참으로 관대하시다. "하느님은 우리가 다룰 수 없는 문제들을 우리에게 보내시지 않는다"는 것은 *영적 투쟁*에서 전혀 틀림이 없는 말이다. 교활하고 예상할 수 없는 악마의 모든 공격에 대비해서 하느님은 우리에게 승리가 보장된 몇 가지의 **영적 무기들**을 하사하신다. 그러니 올바르게 읽고 이해하고 살아가는 데 적용하였으면 한다. 첫 번째 책인 『당신의 영적 투쟁을 승리로 이끄는 방법』과 두 번째 책인 『하느님의 강한 무기로 무장하십시오』는 영적 만남을 위한 올바른 방어책과 무기를 사용하도록 우리를 도와줄 것이다.

하느님, 모든 성인들 그리고 천사들이 우리를 도와주시면 우리가 잃어버릴 수 있는 것이라곤 아무것도 없다.

전투는 이미 시작되었으니 우리는 **투쟁하든지 아니면 죽든지** 둘 중의 하나다.

서 문

하느님은 모세에게 "나는 있는 나다(I Am Who Am)"라고 말씀하시면서 당신의 이름을 계시하길 원하셨다. 동시에 하느님은 당신의 이름을 계시하실 때 과거로부터는 ("나는 너의 조상들의 하느님이다") 하시고, 미래에 관해서는 ("내가 너와 함께 있겠다") 하시며 영원에서 영원까지 유효한 당신의 성실하심을 계시해주셨다(탈출기 3 : 6, 12).

하느님은 당신 백성을 이끄시고 지도하시는 동안 세세 대대로 늘 이 점에 대해 성실하시고 주의 깊으셨다.

하느님은 당신 친히 우리의 인생이란 것이 악마와 끊임없이 맹렬하게 싸우는 한 순간에 불과하다는 것 외에 다른 것이 아님을 우리에게 계시해주셨다. 하느님은 우리가 이 전투를 중단하지 않는다면 굴복 당하지 않으리라는 것을 교회를 통해 우리에게 말씀하신다.

예수께서는 당신 자신이 십자가에 못 박혀 돌아가시기를 허용하심으로써 우리에게 사탄의 모든 공격에 저항할 은혜를 주셨음을 기억하는 것이 중요하다. 예수께서는 사탄의 활동을 쳐부수시고 우리를 죄의 올가미에서 해방시켜주러 오셨다.

마리아는 특별한 방식으로 이 전투에서 우리의 지도자가 되는 위임을 받으셨다. 마리아는 뱀의 머리를 짓부수실 것이다. 날마다 그분은 우리와 함께 계시면서 계속 당신의 싸움에 임하시며 우리를 모든 악에서 지켜주신다.

우리는 이미 원수를 정복하여 패퇴시켰음을 알고 있기에 악마가 우리에게 제시하는 속임수와 매혹이 어떠한 것이든 우리의 유익을 위해 일할 수 있을 뿐이다.

이 책의 목적은 우리가 포착하기는 힘들지만 치명적인 악마의 공격에 대비하여 하느님이 우리에게 주신 모든 방어책을 알도록 도움을 주는 데 있다.

하느님은 우리가 분수에 넘치는 시험을 당하도록 방치하지 않으셨다. 시험을 받을 때면 하느님은 우리에게 충실히 참아낼 수 있는 방법을 제공해주신다.

하느님은 한결같이 충실하시다. 이제 우리에게 "너는 나의 용사가 되겠느냐? 그리고 나를 위해서 용감하게 싸우겠느냐?"라고 물으신다.

길을 안내하시는 대천사 성 미카엘과 함께 우리는 하느님을 위한 강력한 힘이다. 예수 그리스도와 일치하고 성령과 일치하면 그 어떤 우주적인 권세도 우리를 정복할 수는 없다.

차 례

차 례

차 례

차 례

차 례

차 례

차 례

차 례

제 1 부

예수 그리스도와
복음적 권고의 무기

"악마가 한 일을 없애버리시려고 하느님의 아드님께서 나타나셨다."[1]

예수 그리스도는 우리를 구원하러 오셨다. 그분이 나타나시어 죄를 무찌르시고[2] 죽음까지 쳐 이기셨다.[3] 그분은 "이 세상의 우두머리"인 어둠의 세력을 쳐 이긴 정복자시다.

우리 주 예수 그리스도께서 우리를 위해 당신의 생명을 포기하심으로써 원죄로 말미암아 잃었던 천국을 우리로 하여금 얻게

---

1) 1요한 3 : 8.
2) 루카 4 : 1-13, 마태 4 : 1-11.
3) 루카 24 : 5, 마태 28 : 6.

해주셨다.

　육과 눈 그리고 생에 대한 자만심, 이 세 가지 욕망은 우리가 전투를 벌이는 "악한 패거리들(tough men)"이다. 우리가 교회 교리서에서 듣고 있는 것처럼 이 세 가지는 우리의 첫 조상들에 의해 파기된 원죄로부터 비롯된다.

　우리의 첫 조상들이 추락하기 전에는 성성의 은혜(초성 은혜, sanctifying grace)를 받았었다. 그들은 하느님의 신적 생명에 참여했다. 또 그들은 크나큰 지식을 지니고 있었고 몸과 마음의 본성적인 힘을 제어했다. 그들에게는 고통도 죽음도 없었다.

　그러나 죄는 우리 안에 새겨진 하느님의 모상을 훼손시켰다. 우리는 하느님과 별거하게 되었다 성성의 은혜를 잃었고 죄로 말미암아 죽음과 고통과 악(욕망)에 대한 강력한 경향에 사로잡히게 되었다.

　인류의 죄와 악은 너무나 커서 예언자들과 성조들과 옛적에 뽑힌 이들도 하느님의 정의를 달랠 수는 없었다. 세상의 비참함은 이러한 죄를 속죄해주실, 무한하시고 전능하시며 온전히 자비하신 어떤 분을 모셔야만 될 그런 무한정의 처지에 이르렀다. 세상의 비참함은 우리가 죄를 짓는 속박에서 해방시켜주기 위해 하느님의 아드님을 모셔야만 했다. 또한 세상의 비참함은 하느님께 그분의 모든 것 — 그분의 생명까지도 요구했다. 참으로 우리 주 예수 그리스도께서 우리에게 주신 자기 희생적인 사랑만큼.큰 것이라곤 아무것도 있을 수 없다.

"그리스도께서는 새 계약의 중재자이십니다. 첫째 계약 아래에서 저지른 범죄로부터 사람들을 속량하시려고 그분께서 돌아가시어, 부르심을 받은 이들이 약속된 영원한 상속 재산을 받게 해주셨기 때문입니다."4)

그리스도께서는 당신 자신을 산 희생 제물로 바치심으로써 옛 율법(Old Law)의 모든 희생을 완성하시어 구원 사업을 완성으로 이끄셨다.

그러나 그리스도께서는 우리를 위해 구속 선물을 얻어주셨고 세례 성사는 성성의 은혜를 회복시켜 우리의 원죄를 없애주는데 아직까지도 자만심과 육신과 시각(sight)의 세 가지 욕망들은 우리에 대한 지배력을 행사하려고 힘쓴다. 하느님의 은총 없이는 우리가 죄로 상처를 입고 악으로 기울게 된다.

■ 복음적 권고들 ● ● ●

세 가지의 복음적 권고는 우리 안에 있는 세 가지 죄의 욕망과 맞서 싸우는 강력한 수단들이다. *교만한 생활*은 순종으로, *가난*은

---

4) 히브 9 : 15.

탐욕의 공격을 중지하고 *정결*은 악한 욕망을 이겨내는 것이다.

우리는 끊임없이 우리 주님께서 당신의 몫을 다하셨음을 잊어서는 안 된다. 우리를 앞서 가신 주님께서는 우리의 자리를 마련해놓으셨다.

이제 우리는 천상 공로를 얻기 위하여 덕행 중에 일하고 기도하며 생활해야 한다. 하늘나라는 우리 모두를 위해 예정되어 있다. 그렇지만 우리의 잘못된 선택으로 말미암아(우리 죄의 본성) 우리는 이 엄청난 특권을 빼앗길 위험에 처해 있다. 우리가 세속적인 암시에 응하면 우리 목표에 대한 시각을 상실하게 된다.

우리의 영혼을 파멸로 이끄는 것은 인간에게 고행 없는 정열(passion)로 충분하다. 천국은 단 하나의 사죄(死罪)로 박탈된다. 우리가 주님을 거슬러 사죄를 짓는 순간 우리는 악마로 하여금 우리 안에 일하도록 허용하는 것이기에 천국에 어울릴 수 없게 된다.

그럼에도 불구하고 우리는 용기를 잃어서는 안 된다. 왜냐하면 우리가 우리의 약함을 겸손하게 인정하고, 참으로 송구스러워하며 우리가 지은 죄의 용서를 청하고, 하느님의 도우심을 간구하면 우리는 천국을 되찾을 수 있다. 시련과 어려움의 순간도 우리는 결코 포기해서는 안 된다. 성 바오로는 "우리의 외적 인간은 쇠퇴해가더라도 우리의 내적 인간은 나날이 새로워집니다. 우리가 지금 겪는 일시적이고 가벼운 환난이 그지없이 크고 영원한 영광을 우리에게 마련해줍니다. 보이는 것이 아니라 보이지 않는 것을 우리가 바라보기 때문입니다. 보이는 것은 잠시뿐이지만 보이지 않는 것은 영원합니다"[5]라고 말한다.

이와 같이 성 바오로는 믿음의 훌륭한 싸움을 싸워 우리 모두가 초대받은 영원한 생명을 붙잡을 것을 우리에게 권고한다. 그는 우리로 하여금 원수의 농간에 맞서 주님 안에서, 당신의 굳센 힘 안에서 강해지고 하느님의 모든 무기로 무장하도록 지시하였다. 성 요한은 이 세상에서 세 가지 중요한 악의 분류를 확인한 바 있다. "세상에 있는 모든 것, 곧 육의 욕망과 눈의 욕망과 살림살이에 대한 자만이다."[6]

좀더 가까이 보면, 우리의 칠죄종은 모두 세 가지로 요약된다.

(1) 살림살이에 대한 자만 ― 자만심, 시샘, 분노
(2) 육의 욕망 ― 육욕, 대식(大食, gluttony), 나태(sloth)
(3) 눈의 욕망 ― 탐욕(avarice)

예수께서는 당신의 약속에 성실하시다. 악마와의 전투에서 예수님은 우리에게 풍부한 무기를 공급해주실 것이다. 이러한 세 가지 욕망의 죄를 쳐부수기 위해 그분은 세 가지의 효과 있는

---

5) 2코린 4 : 6-18.
6) 1요한 2 : 16.

장비를 사용하라고 우리에게 권고하신다. 즉, 육의 욕망을 위해
서는 **정결**을, 눈의 욕망을 위해서는 **가난**을, 살림살이에 대한 자
만심을 쳐부수기 위해서는 **순명**이 필요한 것이다.

제1장 가난

"너희는 자신을 위하여 보물을 땅에 쌓아두지 마라. 땅에서는 좀과 녹이 망가뜨린다. 그러므로 하늘에 보물을 쌓아라."[7]

성 아우구스티노는 "피조물에 대해 영혼이 갖는 애착의 정도는 하느님으로부터 분리의 정도와 같다"[8]고 말한다.

눈의 욕망이나 물질에 대한 애착은 그다지 큰 악으로 여겨지지 않는 듯하다. 그러나 이 죄는 "너희는 온 영혼을 다해서 너희

---

7) 마태 6 : 19-20.
8) St. Augustine, *City of God*, p.273.

의 하느님을 경배하여라 …. 너희는 나밖에 다른 신은 모시지 못할 것이다"[9]라는 첫째 계명을 직접적으로 위반하는 것이다.

전력을 다해 그리스도께 온 세상을 바꿔주겠다며 (대신) 자기에게 경배하도록 그리스도를 유혹하는 데 실패한 사탄은 이제 모더니즘과 물질주의로써 똑같은 옛 속임수인 재물과 세력과 명예를 사용하여 많은 영혼들을 기만하는 일을 계속하고 있다.

오늘날에는 부와 세력과 명예에 관한 갈망이 많은 범죄의 공통 원인들이 되고 있다.

■ 물질들 ● ● ●

하느님은 우리의 최종 목표인 하늘나라에 다다르는 수단으로 물질(goods)을 창조하셨다. 그런데 이 물질이 우리가 살아가는 데 첫 번째 관심사가 되고 창조주이신 하느님은 이차적으로 중요하다고 여길 때, "물질"은 분심과 악의 근원이 된다. 물질은 그 자체가 본래부터 중성적이다. 물질을 좋게 혹은 나쁘게 만드는 것은 그것들을 원하고 사용하는 데 있는 우리의 의향이다. 만일 우리가 세상 것들에 대한 너무나 많은 관심사로 인해 하느님을 경배하는 데 소홀하게 된다면 이것은 도덕적으로 악이 된다.

악마는 언제나 돈에 대한 우리의 안전을 과대 평가하여 그것

---

9) 탈출 20 : 4-5.

을 금전에 두도록 우리를 유혹할 것이다. 그러나 교회 역사는 금전이 아니었다면 천국으로 갔을 영혼을 멸망으로 이끌어간 손실에 대해 말해주고 있다.

가톨릭 교회의 새 교리서는 우리에게 이렇게 가르치고 있다. "약속의 하느님께서는 태초부터 먹음직하고 보기에 탐스러울뿐더러 사람을 영리하게 해줄 것같이 보이는 유혹에 대하여 인간에게 주의하라고 경고하셨다."10) 그리스도는 친히 악마를 두고 이르시기를 "세상의 우두머리(prince of world)"라고 하셨다. 그러므로 이 세상에서 우리 자신을 이탈시키려면 사탄의 지배와 세력에서 벗어나야 한다.

■ 그리스도의 가난 ● ● ●

그리스도께서는 당신의 전 생애를 모든 물질에서 완전히 이탈한 가운데 사셨다. 어렸을 때부터 죽음에 이르기까지 그리스도께서는 극도의 가난한 삶을 사셨다.

그분이 탄생하실 때 세상은 그분을 동방박사들이 행했던 방식인 메시아나 구세주로 알아뵙지 못하였다. 그리스도께서는 소박한 여인숙에도 머물 곳을 찾지 못하셨다. 그분은 가난과 겸손의 최상 가치를 우리에게 보여주시고자 말구유에서 태어나기를 원

---

10) *New Catechism of the Catholic Church*, 1994 no. 2541.

하셨다.

예수님이 인간이 되셨을 때 그분의 신분은 변치 않으셨다. 예수님은 너무나 가난하셔서 당신의 머리를 기댈 곳도 없었다.[11] 예수께서는 당신의 제자들이 여분의 옷뿐만 아니라 돈지갑마저도 챙기지 말고 하느님의 말씀만 가지고 설교하도록 먼 지방으로 파견하셨다. "사람이 빵만으로 살지 않고 하느님의 말씀으로 살아간다."[12]

예수께서는 임종하시는 순간에도 당신의 마지막 "지상" 소유물을 "제비를 뽑는"[13] 데 익숙한 군사들한테 넘기셨다.

예수님의 가난은 완전하고 철저하였지만 비참하지 않았고 초라하거나 사랑스럽지 않은 것이 아니었다. 그분의 가난은 그저 누더기나 걸친 전적으로 비참한 사람들의 가난이 아니었다. 그분은 우리에게 이 세상에 있는 것은 그 어떤 것도 당신의 영광을 들어 높이거나 증가시킬 수 없다고 가르치셨다. 예수님의 가난은 단순히 우리에게 진정한 위대성이란 것이 유물론(唯物論, Materialism)에 있지 않음을 보여주시기 위한 피조물로부터의 당당한 독립이었다. 참된 가치는 안에서 나온다. 그분은 피조물이 예수님께 드릴 수 있는 것으로 인간이 찬양되거나 품위 있게

---

11) 마태 8:20.
12) 루카 4:4.
13) 요한 19:24.

되거나 높여질 수 없다는 것을 알고 계신다. 그러나 하느님의 선물은 그것이 영혼을 부유하게 만들기 때문에 참된 재물(wealth)이다. 그러므로 물질에 대한 그리스도의 경멸은 하늘나라의 보물에 대한 그분의 드높은 존경을 증명한다. 재판석에서 그분의 비난자와 직접 마주쳤을 때, 예수께서는 "내 나라는 이 세상에 속하지 않는다"[14]고 대답하셨다.

"행복하여라, 마음이 가난한 사람들 ···."[15]

예수께서는 이 참 행복을 물질적으로 가난한 사람들이 아닌, 영으로 가난한 사람들에게 말씀하셨다. 이는 우리가 모든 물질과 육적인 애착으로부터 자유롭게 될 때 지니게 되는 영혼의 자세다.

성 토마스에 의하면 우리가 아직도 물질적인 것들에 빠져 있다면 영적인 것들을 깨달을 수 없다. 성 토마스는 우리의 길을 막고 있는 방해물들을 우리가 허용하게 되면 하느님이신 본래의 목표에 도달할 수 없다고 생각한다. 우리가 창조주에 대한 지식과 사랑으로 상승하기 위해서는 피조물에 대한 사랑에서 우리의 마음을 자유롭게 보존해야 한다는 것을 그는 더욱 경고한다.

하느님과 *같이 되고* 우주 천지를 소유하며 다른 이들 *위에* 있

---

14) 요한 18 : 36.
15) 마태 5 : 3.

*으려 하는*악마와 같은 야심을 품지 말 것이다. 당신 자신을 *가난한 종*으로 만드신 그리스도를 따라갈 것이다.

악마는 끊임없이 우리가 여분의 것이 되길 유혹한다. 그럴 때 우리는 교부들이 지적한 대로 가난이 "덕행들의 보호자"이므로, "극기와 겸손, 피조물로부터의 이탈과 무엇보다도 내적 잠심(interior recollection)을 보존해주고"[16] 있음에 굳게 머물러 있어야 한다.

■ 가난의 본질 ● ● ●

가난은 모든 사물들을 초월한 하느님의 사랑이다. 가난은 우리를 온갖 애정으로부터 현세의 물질에 이르기까지 우리 마음을 이탈로 기울게 하는 의지의 경향이다.

가난은 완전한 이탈을 요구한다. 이 말의 뜻은 필요한 것으로 만족하고 여분의 것과 물질에 대한 지나친 애착심을 떨쳐버리는 것을 의미한다. 가난은 또한 사치스럽고 턱없이 비싼 것을 포기하면서 가장 마음이 덜 끌리고 무가치한 것을 선택하는 것을 말한다. 가난은 궁핍할 때도 하느님의 은총과 자비하심에 의존하기 때문에 기뻐하는 것을 뜻한다.

---

16) Ligouri Alphonsus, *True Spouse of Jesus Christ* (Toronto : Redemptorist Fathers, 1929), p.250.

악마는 가난 정신을 무너뜨리기 위해 우리에게 지상 사정들에 애착하고 물질의 궁핍을 걱정하며 어떤 희생을 치르더라도 물질을 갖고 싶어하는 원의에 사로잡히도록 부추긴다. 사탄은 우리가 어떤 욕구를 채우지 못하거나 필수품을 가지지 못할 때 불만스런 감정을 토로한다. 사탄은 쾌락주의(hedonism)와 물질주의를 이용하여 수많은 영혼들의 영적 죽음을 일으키는 데 성공한다.

■ 성직자의 가난 ● ● ●

고(故) 풀톤 쉰(F. Sheen) 대주교는, 첫 사제들 중의 한 사람인 유다는 실업가였을 것이라고 생각했다. 그의 말에 의하면 적지 않은 사제들이 제2차 바티칸공의회에서 이르는 "성직자들은 자기 마음을 바로 다스리기 위해 정신을 차려야 하며, 복음적 청빈 정신에 어긋나는 현세 사물의 사용이나 재산에 대한 집착으로 완전한 사랑을 추구하는 데 방해를 받지 말아야 한다"[17]는 말씀과 반대되는 이 이스카리옷 증후군을 유산으로 받았다. 교회 역사 안에서 거룩한 사제라면 그 누구도 청빈 덕을 기꺼이 품는 데 소홀함이 없었다.

그런데 오늘날 많은 성직자들 역시 봉사직이나 사도직에서 가장 기본이 되는 필수품의 궁핍으로 인해 고통을 받고 있다면 많

---

17) 「인류의 빛」, 42, 3.

은 이들은 물질주의와 세속주의의 강한 세력에 맞서 싸워야 한다. 참으로 기술과 발전의 흐름이란 추세에도 불구하고 "가난의 영대(stole of poverty)"는 성직자들의 어깨 위에 놓여야 한다.

필리핀에 있는 미군 기지 클라크 에어 베이스 근처의 부유한 본당에 발령 받은 한 목자의 이야기다. 그는 6년 동안 사람들에게 봉사하며 지내는 동안 그 본당에서 찾은 위안으로 무척 기뻐하였다. 그러나 주교로부터 다른 임무로 옮기라는 명을 받았을 때 그는 그 도시를 떠나고 싶지 않았기 때문에 거절하였다. 예상치도 않게 수년 동안 잠잠하다고 믿었던 화산은 그 도시민들이 눈치채지도 못한 한 순간에 갑작스런 폭발을 일으키며 수분 사이에 성당을 포함한 온 도시를 화산재와 진흙더미로 뒤덮어버렸다. 남아 있는 것은 단지 성당 자리를 표시하는 종탑뿐이었다. 하느님께서 말씀하고 계셨던 것이다.

사실인즉 사제들이 예수님을 따르고 봉헌 생활을 충실히 하며 하느님의 섭리를 믿는다면 모든 것이 그들을 배려할 것이다.

■ 집안에서의 가난 ● ● ●

마태오 복음 6장 25절에서 34절은 우리로 하여금 내일의 걱정에서 풀려나 자유를 만끽하게끔 하느님의 섭리에 우리 자신을 맡기도록 초대한다.

많은 가정에서 물질의 궁핍에 대한 걱정이 다른 어떤 것보다도 부모들의 중대 관심사로 떠오르고 있다. 이는 곧 자녀들의 도덕적, 영적 가치관이기도 하다. 물질주의는 가정 가치관의 타협에 중요한 이유가 되고 있다.

우리가 사랑하는 사람과 보내는 시간이 우선적으로 가정에서 절충되어야 할 것이다. 둘째는 안정과 신뢰와 행복이다. 공교롭게도 이러한 것들은 그 어떤 물질로도 대체할 수 없는, 가정을 보존하는 데 더욱 중요하고 본질적인 것들이다.

영적 청빈의 경우

가난이 아버지나 어머니로 하여금 더 많은 수입을 찾아 헤매도록 하는 사례들이 있다. 어떤 이들은 다른 지방에서 일하기 위해 자기 가족들을 떠나기까지 한다. 예로니모 씨의 경우가 그러하다.

예로니모 씨는 다섯 아이들을 부양하기 위해 일자리를 찾아 이탈리아로 이민을 가기로 결심했다. 1년 동안 노동자로 일을 해 번 돈으로 자기가 진 빚을 모두 청산할 수 있었고 아이들은 모두 필리핀에 있는 학교로 보낼 수 있었다. 그러나 얼마 안 있어 돈을 좀더 많이 벌어야겠다는 생각에 사로잡히게 되었다. 그는 주일과 의무축일까지도 일을 했다. 그를 인도해주시는 하느님이 계시지 않자 악마가 그의 마음에 욕심의 씨앗을 뿌렸다. 더 많은 돈으로 그는 연인을 두는 것에 아무런 양심의 가책도 받지 않았다. 얼마 안 있어 둘째 부인이 두 아이를 낳게 되자 그는 본가에 송금하는 일을 걷어치웠다. 그의 본 부인이 마침내 그의 불충실함을 알아채고 그와 둘째 부인 간의 결혼 무효를 신청하였다. 다른 가족은 파산하고 말았다.

■ 젊은이들의 청빈 ● ● ●

오늘날 많은 젊은이들이 생계를 위해 노동을 한다. 그들은 관청, 은행, 쇼핑센터, 오락실, 학교, 공장 할 것 없이 거의 모든 곳에 취직하고 있다. 그들은 대부분 자기 부모에게나 보호자들에게서 경제적인 독립을 위해 일을 한다. 결과는 물질주의와 개인주의에 휩싸여 자기 중심적이 된다. 돈이라는 것이 그들 마음에 드는 것이라면 무엇이나 다 해줄 수 있기 때문이다. 많은 젊은이들이, 시간이 짧다는 것과 이 세상의 모든 것이 사라져가고 있음을 깨닫지 못하고 있다는 것은 서글픈 일이다. 자기 자신 안에 빠져 있기 때문에 영성 생활이 어떤 것인지에 대해서는 안중에도 없다. 그들은 덧없고 지나가는 것을 추종하는 데에 푹 빠져 있다.

돈으로 살 수 있는 것에 대해 호기심을 갖고 있던 15세의 데니스(Dennis)는 기쁨과 재물을 약속하는 사탄의 숭배(satanic cult)

라는 유혹을 받았다. 성적 방탕이 그의 육체에 영광을 더하더니 그것을 갈망하도록 가르쳤다. 데니스는 자기 영혼을 잃고 있음을 깨닫지 못하였다. 이 몸서리치는 운명에 놀란 부모는 기도하며 그들이 알고 있던 모든 사람들에게 아들의 회개를 위해 기도해달라고 청하였다. 아무튼 부모는 누구에게도 알리지 않고 아들 데니스를 치유 수업에 데려갈 수 있었다. 그는 그것이 어떤 것인지를 알고 미친 사람처럼 날뛰며 빠져나가려 했다. 하지만 그것은 치유 수업 중에 일어났기 때문에 데니스는 악의 수중에서 해방되었다. 데니스는 마침내 회개하여 지금은 자기 동료들인 젊은이들의 복음화를 위해 청년 지도자로서 자원 봉사 활동을 펼치고 있다.

■ 매스컴의 영향 ● ● ●

오늘날의 사회 통신은 인류 교육에 책임이 있다. 매체가 가장 큰 영향을 끼치고 많은 사람들의 생활을 조직하고 변화시키는 민감한 수단들이라는 것을 부정할 수는 없다.

오늘날 텔레비전 수상기, 라디오, 신문은 공공연하게 부(富), 권력, 명성, 미모, 유행에 대한 칭송을 남발한다. 남녀 영화 배우들이 가장 좋은 본보기들이다. 그들은 수많은 사람들의 "허위적인 남녀 제신들(pseudo gods and goddesses)"로 우상시되며 모방되고 있다. 그들이 행하는 불의하고 비윤리적인 것까지도 그들 팬들은 모조리 따르고 있다. 낙태, 혼전 혼외 관계들, 산아 제한, 마약, 폭력은 매체가 죄를 아슬아슬한 "인생의 묘미(spice of life)"로 전환시키는 그런 매력을 보장하고 있다.

세상의 전환을 기대하려면 매체가 개선되고 바뀌어야 한다. "교회는 승인할 뿐만 아니라 통신 매체를 위해 크나큰 희망을 키우고 있다. 매체가 하느님의 섭리적인 계획에 따라 쓰이고 인간의 품위에 합당한 존경으로 사용된다면 참된 문화 발전과 더불어 복음의 지식을 더 널리 확산시키는 데 이바지할 수 있다."[18]

---

18) Archbishop Martin J. O'Conner, President of the Pontifical Commission on films, Radio and Television, "The Church and the Communications Media", Vatican : 1963.

제2장 | 정 결

정결은 절제의 덕목(the cardinal virtue of temperance) 하에 있는 초자연적 윤리덕이다. 피조물을 넘어서서 인간은 하느님을 사랑하기 위해 그분의 6계와 9계를 거스르게 하는 무언가를 삼간다.

정결 덕은 관능성의 모든 악습 중에도 가장 포악한 것과는 반대된다. 이 덕은 수도자나 봉헌된 영혼들뿐만 아니라 모든 그리스도인들에게 최고로 중요한 것이다. 우리 주님께서 결혼을 성사의 품위로 승격시킨 것은 인간 사랑의 그릇된 사용에 대해 유효한 배상을 할 수 있다는 것이다.

악마의 계략은 우리로 하여금 죄에 대한 감각을 상실하게 만드는 데 있다. 그놈은 우리가 은총으로 사는 아름다움과 하느님의 복음적 권고를 실천하는 데 눈이 멀게끔 한다. 그 자는 우리 안에 이루어지는 구원의 효과에 늘 질투한다. 사탄은 공격할 장소와 공격 방법을 안다. 그놈은 교활하게도 우리가 지닌 가장 큰 약점에 주의를 집중하게 한다. 악마는 육욕이나 성(sex)이 모든 것이고 죄스런 육신의 희열감(gratification)이 모든 인간의 권리라는 속임수로 대다수의 젊은이들과 가족, 성직자와 매체를 설득시키고 있다. 육적인 사람은 하느님의 일들을 맛보지 못한다. 하느님은 영이신 데 반해 악마는 육에 속한다. 하느님은 빛이신 데 반해 악마는 어둠의 노선들을 좋아한다.

■ 젊은이들에게 미치는 영향 ● ● ●

악마는 젊은이들의 마음을 육욕으로 괴롭힌다. 미국에서 행한 한 무작위 연구에 의하면, 500명의 유치원생들 100%가 호색 문화에 노출되어 반대 성에 대한 존경심을 잃고 있고 20세가 되기 전에 결혼의 거룩함을 경시하며 60~70%가 혼전 성 관계를 맺는 반면, 20~40%가 결혼 전에 동거할 것이라고 예상하고 있다.

우리집과 학교 안에서의 영적 투쟁은 정당하다! 가정, 비디오, 텔레비전 쇼와 섹스 증식을 제시하는 다른 자료들에서 바로 그러하다. 학교에서 성교육을 받을 때 젊은이들에게는 "안전한 섹스"를 즐기기 위해 피임 기구를 사용하도록 권장받고 있다.

마태오 조지는 대표적인 모험을 좋아하는 대학생이었다. 다른 모든 10대 소년들과 같이 그는 섹스에 호기심이 있었고 체험하고 싶었다. 한 번은 그의 여자 친구와 면회 약속을 하고 여자 친구를 자기 아파트에 초대하여 그녀에게 난폭한 접근을 하였다. 마태오는 그녀가 자기 요구를 쉽사리 받아줄 것이라 생각했던 터에 여자 친구로부터 얼굴에 얼얼한 주먹 세례를 받고 깜짝 놀랐다. "어떻게 네가 나를 유혹할 수 있니!" 하고 소녀가 고함쳤다. "너는 나를 사랑하지 않는구나! 나는 겨우 너의 섹스 상대에 불과하구나." "만일 네가 나를 사랑한다면, 왜 너는 우리가 결혼할 때까지 기다려줄 수 없는 거지? 만일 임신하면 너는 아기를 받아줄 수 있겠니? 네가 가족을 부양할 수 있단 말이야?"라고 말하면서 흐느껴 울었다. 마태오는 어이가 없어 말도 하지 못했다. "너는 여기까지 계획하지 않았단 말이야? 네가 관심을 두고 있는 것은 재미있게 지내자는 거잖아!"라고 하는 여자 친구의 말에 마태오는 스스로 굴욕감과 혐오감을 느끼고 그의 정열이 그를 사로잡게 한 데 대해 용서를 청하였다. 그때 이후로 그와 여자 친구는 자신들의 순결을 보호하기로 약속했다.

많은 10대 소년 소녀들은 하느님이 소박하고 평범한 젊은이들로부터 이해되실 수 있음을 알고 있다. 그리고 하느님을 체험한 다음에는 보다 못한 어떤 것에 안주하지 않을 것이다. 그들이 기도 생활에 가치를 두고 있는 것처럼 그들은 자신들의 순결과 정결을 소중하게 여긴다. 동정은 인생에서 그들의 참 소명을 위한 준비를 잘 도와준다. 온 세상의 수많은 10대 소년 소녀들이 오늘날 동정을 위한 운동에 가입하여 가족들을 구제한다. 참으로 거기에는 기대할 것이 많다!

■ 가족들에게 미치는 영향 ● ● ●

육의 욕정으로 말미암아 많은 가정들이 깨지고 있다. 아담과 하와와 흡사하게 결혼한 남자와 여자들이 금지된 것에서 쾌락을 찾으려 함으로 인해 *부부 간의 순결*은 더 이상 지켜지지 않고 있다. 성(性)은 자위, 낙태, 간통, 인공 산아 제한을 묵과함으로써 출산과 별도의 것으로 분리되고 있다. 하느님께서 주신 성(性)의 사용은 지금에 와서 상호간의 쾌락 내지는 자기 쾌락을 위해서만 찾아지고 있다. 거룩한 행위가 되는 성은 쾌락과 자기 충족을 위한 기회로 쏠리고 있다. 남편과 부인 간의 상호 관계는 자취를 감추고 있다. 한 편은 다른 편을 성의 상대로 여길 뿐 사랑 받는 사람으로 여기지 않는다.

■ 매체(Media)에 미치는 영향 ● ● ●

사탄은 부도덕하고 추잡한 것에 대한 상(像)들로 사람들을 침수시키는 매체를 사용한다. 우리가 매일 보고 듣고 읽는 것을 분석해보면 오늘날 매체를 통해 성과 폭력이 어떻게 남용되고 있는지 깨달을 수 있을 것이다. 텔레비전과 첨단 기술의 비디오는 많은 아이들에게 부모를 대리하는 대용품이 되고 있다. 결과적으로 그들이 매체에서 얻는 사고와 상상력이 무엇이든 간에 그것들은 그들의 행동 기준과 양식이 된다.

한 가지 경우로 너무 많은 폭력과 섹스 일변도의 가정 비디오를 보고 난 14세 소년은 다섯 살과 일곱 살 난 자기 동생들의 도움을 받아 탁아모를 성 폭행했다. 부도덕한 행위를 묵인하고 칭송하는 민감한 매체의 영향이 아니었다면, 어떻게 세 명의 어린이들이 그런 생각을 할 수 있었겠는가?

여기서 우리는 미디어에서 우리가 받는 메시지와 정보라는 것이 우리가 구경하거나 시청하는 순간 우리의 시스템 속으로 쉽게 스며드는 주입 내지는 주사와도 같은, 소위 말해서 "접목 이론(inoculation theory)"의 증거를 바라보게 된다. 주입된 메시지가 얼마나 세찬 것인지에 대해서는 *그것들의 효과가 얼마나 지속되느냐에 따라* 결정된다. 반복적으로 이러한 메시지는 사람으로 하여금 그것들의 제안에 굴복하도록 유혹하는 마음과 잠재의식 안에 재생될 것이다. 만일 제안이 악하다면 사람은 악을 범한다. 유혹 받은 사람이 이러한 감정을 억제한다거나 털어버리기 위해서는 엄청난 노력을 필요로 할 것이다.

"육적인 영화(flesh films)"에 출연하는 배우들은 때론 부끄러움이나 의식 없이 행동한다. 이런 직업에 종사하는 배우들은 그러한 역할을 담당하도록 어린 나이에 또는 반복적으로 출연하기 때문에 결정적으로 그러한 일상의 과정에 굳어지기 마련이다. 좀더 큰 명성과 수입을 위해서 영혼은 최고가(最高價)의 내기 노름에 팔린다. 물론 영화 제작자들이기도 한 "노름꾼"들은 수십억의 투자에서 손쉬운 이득을 챙기려고 미끼로 삼는다. 그렇지만 진리는 *우리 마음이 주님 안에 쉬기까지는 결코 편할 날이 없으리라는 것*이다. 마음의 소망들은 끝이 없는데, 우리가 마음의 참된 사랑의 대상인 하느님에 대해서 거부한다면 위험해질 수 있다. 슬픈 말이기도 하지만, 많은 영화의 인기 배우들은 신앙 생활을 하지 않는다. 많은 그리스도인들이 이름만 그리스도인인 것이다. 돈이 하느님이 되어 그들이 도덕을 상실하는 값을 치르는 일이 있더라도 그들은 거절하지 않을 것이다.

로라 팔라나(L. Falana)는 과거에 무용수면서 여배우였다. 그녀는 병으로 앓아 눕게 되던 1987년까지만 해도 생애 최고의 인기를 누리고 있었다. 그녀는 자기가 수술실에 누워 있는 모습을 보고서야 비로소 얼마나 심각한 상태에 처해 있는지를 깨달았다. 그 후 그녀는 소생할 수 없다는 말을 들었다. 그제야 그 누구도, 심지어는 돈도 자신을 도와줄 수 없음을 알게 되었다.

소중한 생명에 위험이 닥쳤을 때, 로라는 모든 것을 하느님께

맡기기로 맘먹었다. 그녀는 마음을 진정시키는 아버지의 사랑스런 위안을 느꼈다. 그녀는 처음으로 자신이 깊은 기도 중에 있음을 알게 되었다. 오로지 하느님만이 주실 수 있는 이런 종류의 사랑에 대한 깊은 열망이 그녀의 마음속에 자리잡았다. 오래지 않아 그녀는 세례를 받았다. 그녀로 하여금 다른 어떤 것에도 열망하지 않도록 만든 것은 하느님과의 끊임없는 친교였다. 그녀는 매우 훌륭한 여배우였고 무용수였지만 연예계를 떠났다. 그녀는 자기에게 불쾌감을 가져다주는 장면들을 찍게 만드는 영화들을 받아들이는 데 타협하기를 거부했다. 하느님을 찾았기 때문에 그분의 마음을 아프게 해드리는 걸 원치 않았던 것이다.

■ 순결의 탁월함 ● ● ●

순결은 참 사랑의 보증이다. 사랑하는 사람은 사랑 받는 사람을 소유하지 않는다. 그런 사람은 모든 피조물 위에 계신 하느님을 사랑하기 때문이다. 이러한 이유들은 우리가 그리스도인의 생활과 가르침을 눈여겨볼 때 매우 감탄하지 않을 수 없다.

은총으로써 하느님의 양자가 된 우리는 그리스도의 지체들이자 성령의 성전이라는 것을 알고 있다. 그리스도인의 소명에 의해 우리는 순결을 요구받는다. 이를 두고 덕의 안내자(*index virtue*)라고 한다. 왜냐하면 그것은 그리스도의 종교 설립을 추종하는 가장 독특한 덕행 중의 하나였던 터다. 예수께서는 우리가 생명을 얻고 또 얻어 넘치게 하려고 오신 것이다.[19] 예수께서는 각자 세례로써 그분 안에서 영원한 생명의 씨를 열매 맺으면서 성체 성사의 천상 음식으로 길러지기로 예정된 새로운 가족을 찾으셨다. 이러한 은총과 신적 사랑의 신비의 결과로 우리는 신비로운 양식으로 예수님과 한 몸이 된다. "여러분은 그리스도의 몸이다."[20] 그러므로 그리스도 안에서 새롭게 태어난 우리는 몸의 머리이신 그리스도께 합당한 새 의무를 받고 있다. 다른 곳 어딘가에서 성 바오로는 말하기를 우리는 "우리의 몸으로 하느님을 영광스럽게 해드려야 한다"고 말했다. 우리가 우리의 몸으로써 참 그리스도의 영적 아름다움과 영광을 비춰보일 때만 이 일은 이루어질 수 있다.

성 바오로가 무슨 이유로 초기 개종자들 사이에서 그리스도 신자들의 몸의 존엄성을 가르침으로써 불순함의 악의를 강조하였는지 이해하기는 그리 어렵지 않다. "불륜을 멀리하십시오. 사람이 짓는 다른 모든 죄는 몸 밖에서 이루어지지만, 불륜을 저지르는 자는 자기 몸에 죄를 짓는 것입니다. 여러분의 몸이 여러분 안에 계시는 성령의 성전임을 모릅니까?"[21]

그러므로 기혼 상태에 있는 사람들을 모두 포함해서 정결을 지켜야만 된다는 것은 분명하다. 참된 사랑은 정결 안에서만 존

---

19) 요한 10 : 10.
20) 1코린 12 : 27.
21) 1코린 6 : 18-19.

재할 수 있기 때문이다. 정결을 버리게 되면 참된 애덕, 곧 진정한 사랑은 없을 것이다.

참 사랑과 애정을 일구고 싶은 가족들은 정결을 소중히 여겨야 한다. 성 요한 보스코는 "모든 좋은 것들은 순결에서 나온다"는 말을 입버릇 삼아 이야기했고, 반비례적으로 "모든 나쁜 것들은 정결이 없는 곳에서 생긴다"고 했다. 부부는 부부의 정결을 지켜야 한다. 성은 거룩하므로 혼인한 이들의 침대는 존중되어야 하고 그것은 일치와 생식의 이중 목적을 위해 쓰여져야 한다.

하나의 훌륭한 가정은 훌륭하고 윤리적으로 올바른 나라를 건설한다. 만일 젊은이들이 세계의 미래라면 그들은 삶에서 올바른 것들에 대한 가르침을 배워야 한다. 만일 우리의 세상이 살아가는 데 좀더 나은 곳이 되기를 원한다면 그들은 훌륭하고 정결한 시민들이 되도록 준비해야 한다. 곧 그들도 부모들이 될 것이다. 그러니까 아직 젊었을 때 그들이 정결하고 거룩하게 살아간다면 반드시 훌륭한 결혼에 이를 수 있을 것이다.

말할 것도 없이 사제들과 주교들은 자신들의 정결과 독신을 보존해야 한다. 만일 그들이 해이해져서 육의 충동에 따라 살게 되면 그들의 진실성은 상실된다. 그들은 신앙을 가르치고 복음을 선포하는 이들로 정결 덕의 모범을 보여야 한다. 그들이 정결하면 가족들에게 참된 지도자가 될 수 있다. 그렇지 않으면 죄

짓는 가족들에게 조언해줄 수 없다. 그들은 정결과 독신을 가장 귀중한 선물로 소중히 여겨야 한다. 이것이 하느님께 드리는 그들의 전적인 사랑의 표지인 까닭이다.

매체에 엄청나게 노출되는 성과 폭력들 역시 도덕적이며 순결한 매체 개업자들을 필요로 한다. 이들은 은총과 거룩함, 순결과 사랑의 아름다움을 격찬할 것이다. 제작자들에게 가정의 가치관에 해를 끼치지 않는 질적으로 훌륭한 영화를 제작해주도록 아낌없는 격려를 보낼 것이다. 지금 이 시대는 교회가 구원의 복음 선포를 반향하는 데 매체의 도움을 구해야 할 시기다.

한 학자는 이렇게 말했다. "내가 나의 부인과 결혼할 때 나는 그것이 영원히 존재한다고 했다. 나는 다시 결혼할 생각이 없다. 비록 내 아내가 지금은 좋은 건강의 선물을 누리지 못하고 실제로 침대에 감금되어 있지만 나는 부인과 함께 머물기로 결정했다. 나는 그녀를 지켜주고 그녀에게 충실히 머물 것이다. 나는 좋든 싫든, 가난하든 부유하든, 건강하든 허약하든, 어떤 운명이 되더라도 나의 아내를 사랑하기로 하느님과 맺은 계약을 어길 수가 없다."

이 의사는 많은 사람들이 말하곤 하는 성인과 같은 사람이다. 얼마나 많은 그의 동료들이 그들 직원들과 환자들의 성적인 골칫거리에 대해 고발을 일삼아왔는지 모른다. 얼마나 부끄러운 짓인가! 참으로 고결한 생애에 많은 의사들이 도살업자들이 되고 기회주의자인 성 광란자들이 되어 왔다. 이렇게 악마는 인간을 짐승으로 변질시킬 수 있다. 그러나 순결과 하느님의 사랑으로 *예수 그리스도는 사람들을 성인들로 변화시켜주신다.*

만일 우리가 독신으로 남아 있거나 결혼하지 않고 있다면 하느님의 계명 중 6계와 9계를 어기는 어떤 성적 활동에도 마음이 끌리지 않음으로써 정결을 보존하게 된다. 그러나 정결 덕에 대한 좀더 엄격한 준수, 특히 수도 생활과 사제직 그리고 축성 생활에서는 그 모든 것들을 이행하지 않으면 안 된다.

결혼한 부부들은 자신들의 합법적이고 정당한 배우자에게 충실해야 한다. 물론 부부의 정결을 지키는 것은 혼외 정사의 관계를 피하는 것을 의미하기도 한다.

제3장 | 순 종

새 교리서는 우리에게 다음과 같이 가르친다. "우리의 첫 조상들이 불순종을 선택하게 된 배후에는 하느님을 거스르는 유혹의 목소리가 있었다. 그 목소리는 질투심 때문에 그들을 죽음에 빠지게 한다."[22]

사탄이 가장 많은 약탈을 수확하는 미끼가 있다면 그것은 불순종을 통해서다. 예레미아서 2장 20절에서 사탄은 우리에게 자신의 슬로건을 내건다. "더 이상 섬기지 않겠다!" 악마는 하느님의 영광을 위해 일하지 않고 고의로 하느님을 거슬러 일한다. 그가 하느님을 해칠 수 없으므로 분풀이로 하느님이 가장 사랑하

---

[22] *New Catechism of the Catholic Church*, 1994, no. 391.

시는 사람들, 바로 우리들에게 격노한다. 그는 우리가 하늘나라의 상속들이라는 사실을 안다. 사탄은 우리를 그릇되게 인도하려고 우리를 기만하여 아주 교활하고 은밀하게 우리를 불순종으로 내몬다.

그 누구도 아무런 이유 없이 불순종하는 것은 아니다. 악마는 단지 불순종할 목적으로 불순종하지는 않았다. 아담과 하와 역시 그러하였다. 그들의 불순종은 훨씬 더 큰 악인 자만심의 표현이었다. 자만심은 하느님의 뜻을 거슬렀기 때문에 분명히 모든 죄들 중에서도 최초의 가장 큰 죄다. 다른 악들은 우리를 사랑의 하느님과 분열시키는 데 반해 자만심은 우리 자신과 피조물들에게로 관심을 향하게 함으로써 우리를 하느님으로부터 막아놓는다. 나중에는 우리가 그분의 법과 명령을 따르는 것을 어렵게 하면서 하느님의 은총이 우리 영혼들 속으로 주입되는 것을 방해한다.

■ 순종의 본질 ● ● ●

순종은 교도권과 지역 교회의 교구장을 통해 드러난 하늘에 계신 아버지의 뜻에 더욱 완전하게 기대기 위해 우리의 본 의지를 포기하는 것이다.

■ 순종의 목적 ● ● ●

순종의 목적은 하느님의 뜻을 좀더 가까이 따르기 위하여 우리 자신의 뜻을 없애는 데에 있다. 성 요한은 우리에게 경고하기를, 생활의 자만심인 자기 의지(self-will)는 완덕으로 나가는 데 중대한 장애물 중의 하나라고 하였다. 이것은 우리의 본성을 변덕스럽게 만든다. 아담의 자녀들인 우리는 모두가 원죄의 오점을 지니고 있다. 우리의 첫 조상 아담과 하와는 자만심으로 말미암아 불순종했다. 그러니까 우리는 선천적인 자만심과 불순종, 자기 의지에 대한 애착심이라는 본유적(本有的) 성향, 결과적으로 하느님의 뜻에 반하는 혐오감을 지닌 채 태어났다. 성 베르나르도(St. Bernard)는 이러한 진리에 아주 깊은 인상을 받고 용감하게 외치기를, "자기 의지를 무너뜨려라, 그러면 지옥 자체가 끝날 것이다"[23]라고 했다.

■ 자만과 불순종의 악과 투쟁하기 ● ● ●

종종 우리는 하느님의 뜻을 따르기 위해서 우리 자신을 포기해야 할 필요성이 있다는 말을 듣고 있다. 그렇지만 우리를 위한 하느님의 뜻을 우리가 어떻게 알 수 있단 말인가?

---

23) Bermard Fennelly, CSSp, *Follow Me*, Dublin, Burnes and Oates, 1961, p.140.

첫째로 우리는 필히 하느님이 당신의 현존을 여러 가지 방법으로 드러내 보이시고 있음을 염두에 두어야 한다. *하느님은 사람들과 사건들을 통해 우리에게 말씀하고 계신다.* 하느님은 물리적으로 우리에게 당신 자신을 보여주시지는 않을지라도 은총 상태에 있는 한에서는 기도 안에서 그분 자신을 우리에게 통교해주신다는 확신을 우리는 갖고 있다. 그렇지만 우리가 그분의 뜻을 생각할 때는 스스로에게 근본적인 물음을 던져야만 한다.

■우리의 결심과 행동은 하느님의 십계명과 일치하고 있는지? 만일 우리가 우리의 응답에 자신이 없는 경우라면 교황께 순종하는 학식을 갖춘 그러면서도 희생 정신을 타고난 훌륭한 사제의 의견을 구해야 한다.

■우리의 행위는 교회와 교황 및 교황과 일치된 주교단의 공적인 가르침에 입각한 해석으로 하느님의 말씀과 일치하고 있는지?
예컨대 「인간 생명(*Humanae Vitae*)」은 인공산아조절법을 금하고 있다. 「진리의 광채(*Veritas Splendor*)」는 어떠한 상황에서도 모든 인공 산아 조절을 금지한다.

■나는 성체 성사에 임하기 전에 기도하고 나서 마음의 평화를 얻고 있나?

■나의 영적 지도자나 장상들은 나의 해석에 동의할 수 있는

공동 식별자인가?

 이러한 것들은 인생을 살아가면서 어떻게 해야만 우리가 하느님의 뜻을 발견할 수 있는지에 대한 몇 가지 단계들이다.

■ 그리스도의 겸손과 순종 ● ● ●

 우리는 아직도 부패된 인간 본성의 강한 힘에 짓눌려 있을지라도 우리의 주님이신 그리스도 자신은 당신 친히 순종을 통해 우리 안에 있는 굳센 '자만(pride)'의 세력을 쳐부수셨다. 이에 대해 성 바오로는 다음과 같이 말한다. "그리스도께서는 이렇게 여느 사람처럼 나타나 당신 자신을 낮추시어 죽음에 이르기까지 십자가 죽음에 이르기까지 순종하셨습니다."[24] 그리고 "한 사람의 불순종으로 많은 이가 죄인이 되었듯이 한 사람의 순종으로 많은 이가 의로운 사람이 될 것입니다."[25]

 토마스 아퀴나스에 의하면, 그리스도의 구원 행위에 앞서 하느님에 대한 인간의 순종은 자기 주인을 무서워하는 종에 비유된다.[26] 구세주께서 피를 흘리시고 난 이후의 관계는 사랑하는 사람과 사랑 받는 사람의 관계가 되고 자녀와 아버지의 관계처

---

24) 필리 2 : 7-8.
25) 로마 5 : 19.
26) Opuscula, 39.

럼 된다. 이렇게 예수님이 자만과 불순종의 사슬에서 우리를 풀어주심으로써 우리는 하느님과 친구로서의 사귐을 충만하게 누릴 수 있다.

■ 순종에 반대되는 실용성과 생산성 ● ● ●

그 어떤 때보다도 오늘에 이르러서 사탄은 실용성과 생산성에 대한 순종을 경쟁시키는 데 성공하고 있다. 현대의 공업 기술과 과학, 낙태, 안락사, 피임법, 장기 이식, 동성 혼인의 범죄자들과 그런 것들을 장려하는 자들은 "실용적 진출(practical advancement)"이라는 새로운 시대 풍조를 부른다. 그러나 실상 그것들은 신법과 자연법을 정면으로 거스르는 것이다. 「진리의 광채(Veritas Splendor)」는 변화와 문화가 인간 행위에 강한 영향을 미치기는 하지만, 그런 것들은 인간의 마음 안에 새겨진 하느님의 도덕법을 지워 없애지는 못한다고 말한다.[27] 하느님의 계획과 무관한 인간 쪽에서 하는 여하한 노력들이라면 그것은 반드시 실패하기 마련이다.

■ 순종의 방패력 ● ● ●

순종은 너무나도 고결한 까닭에 악마가 제아무리 용을 쓸지언정 순종하는 영혼에게는 달려들 수가 없다. 악마로 인해 어떤 영

---

27) Veritatis Splendor, 47-53.

혼은 제아무리 희생을 치르더라도 하느님의 계명을 따르지 못할 것이다.

사탄은 순종하는 영혼들을 두려워한다. 성 야고보는 우리에게 하느님께 복종하고 악마에게 대항하라고 권고한다.[28] 하느님의 뜻에 완전히 일치한다면 우리는 사탄의 압제에 굳건하다.

"그리스도의 신비체"인 교회조차도 불순종의 악마로부터 사악한 공격을 받는다. 우리는 사제들이 서약을 버리고 주교에게 대항하며 교황을 비난하는 반항자들의 목소리를 들어왔다. 교계 제도 그 자체 내에 불순종의 나타남이 있지만 우리는 교회를 대항해서는 어떤 악도 승리하지 못하리라는 것을 알고 있다. 저승의 세력도 그렇게 하지는 못한다.[29]

복음적 순종

"양들을 돌보아라", "믿음을 굳건히 하라"는 위임을 받은 성직자들은 특별한 순종의 소명을 받았다. 그들은 교도권의 특별한 가르침은 물론 교리와 전례, 도덕성과 다른 영적인 문제에 관해 교회의 가르침을 고수하고 따를 것을 요청 받았다. 그들은 교황의 통상적인 가르침에 이의를 제기할 수 없고 내적이고 신앙적

28) 야고 4 : 7.
29) 마태 18 : 13-19.

인 동의로 순종할 의무가 있다.[30]

성직자들의 불순종

어떤 교구의 장로평의회(presbyteral council)는 모든 목자들이 6년마다 본당의 직무를 바꾸어야 한다는 것을 발표했다.

한 사목자는 인사 이동으로 새로운 직무를 받고 난 후 주교에게 다시 고려해줄 것을 요청했다. 그는 본당에 엄청난 액수를 투자했기 때문에 그곳을 떠나고 싶지 않았던 것이다. 그러나 주교는 그가 한 어떤 말도 들어주지 않고 순종으로 응할 것을 요구했다.

주교의 응답에 몹시 화가 난 사목자는 주교를 걸어 온갖 거짓을 꾸며 근거도 없는 주교의 부도덕한 활동에 대해 매체 질문에 응답하라는 이야기를 조작할 만큼 거짓 고발로 주교를 고소하면서 이의를 제기했다. 결국 주교의 이름은 결백하게 드러났고 사제는 그 교구에서 정직 당했다.

■ 가정 안에서의 순종 ● ● ●

모든 가족들 간에는 지켜야할 법과 규범이 있다. 그러므로 각

---

30) 「교회헌장」, 25.

개인은 가정 안에서 저마다 스스로의 힘으로 도덕과 옳고 그름이라는 분별력에 도달한다.

오늘날 많은 가정들은 자녀들에 대한 부모들의 권위라든가 그들 부모들에게 하는 자녀들의 순종이 더 이상 큰 가치를 지니고 있지 못하다. 순종을 요구하는 부모들은 먼저 자기 자녀들이 보고 따를 수 있는 모범이 되어야 한다. 예컨대 자신들이 하고 있는 세금 납부, 서로에 대한 정직성과 충실성이 바로 그런 것들이다. 다시 말해 부모의 성실성을 반영해주는 교회의 가르침과 일치하는 것에 대해서는 모범이 되어야 한다.

모든 가정은 순종에, 특별히 하느님께 대한 순종에 불림을 받고 있다. 그러므로 가정에서 가족 구성원들을 인도하는 의무와 하느님께 대한 사랑은 순종의 행위다.

몇 년을 함께 하던 한 부부가 "화해할 수 없는 불화"로 인해 별거하기로 맘먹었다. 남편은 오만불손한 부인으로부터 너무나 많은 손해를 입었다고 느꼈다. 부인의 태도는 아이들로 하여금 아빠에게 반항하게끔 했고, 부인은 남편에 대해 존경과 순종이 결핍된 모습을 보였다. 필연적으로 별거 생활은 가정을 파탄에 이르게끔 했다. 한 아이는 마약에 빠지고, 다른 아이는 가출했으며, 셋째아이는 법에 어긋나는 일에 종사했다.

참으로 모든 가정에는 영적 싸움이 존재한다. 이것은 순종의 덕행이 가족 구성원들에 의해 드높이 존중되어야 하는 이유다.

가정에서의 순종은 진리의 메시지에 올바로 응답하는 것을 의미한다. 만일 가정이 도덕적 청렴성을 지니지 못한다면, 진리에 올바르게 응답하기란 쉽지 않을 것이다.

■ 젊은이들의 순종 ● ● ●

미래는 젊은이들의 것이다. 그러나 때때로 그들의 충동성과 지나친 열성에서 그들은 불순종으로 이끌리고 만다. 그들은 쉽사리 이데올로기나 개인적인 우상들에게까지 빠져든다. 우리는 많은 젊은이들이 그릇된 순종에 사로잡혀 있음을 바라본다. 그러한 것들로는 경향, 유행, 자아 그리고 동배들의 영향이 있다. 이러한 개인주의적 추종은 반항을 내세운다. 그러기에 구세대, 특별히 부모들은 그들의 청소년들에게 하느님께 순종하는 아름다움을 보여주고 거룩함을 열망하도록 그들을 자극할 중요한 책임을 지고 있다. 이를 위해서는 도미니코 사비오(Dominic Savio)와 알로이시오 곤자가(Aloysius Gonzaga), 복자 라우라 비쿠나(Laura Vicuna), 복자 히야친타(Jacinta), 프란치스코 마르토(Francesco Marto)와 같은 젊은 성인들과 연합할 필요가 있다.

부모에게 골칫거리인 피터(Pete)라고 하는 젊은이가 있었다.

그는 권위가 있는 사람이면 누구든, 자신의 부모든 선생들이든 심지어는 그 지역의 사목자든 상관할 바 없이 불순종으로 일관했다. 그는 "자신의 부모들의 항의에도 불구하고" 들은 체도 하지 않고 폭력단에 들어갔다. 그들 깡패 집단의 한 싸움에서 그의 폭력단은 승리를 놓치고 호되게 기습당했다. 다른 폭력단은 자신들의 승리에 대해 자랑을 늘어놓던 터, 그들의 패배는 완전히 굴욕적인 것이었다. 피티와 그의 "형제들"은 원수를 갚고자 했다. 그들은 적들을 완전히 타진하는 데 쓸 더 좋은 총을 구하기 위해 병기고를 습격했다. 권총들을 마음대로 챙기는 사이 갑자기 경보기가 요란스럽게 울려댔다. 모든 사람들이 놀란 박쥐들처럼 자리를 떴지만 피티는 머리에 총상을 입고 그 자리에 쓰러졌다. 장례식장에는 그의 부모가 좌절감과 패배감으로 통곡했다. 피티가 순종했더라면 아마도 그는 지금 살아 있을 것이다.

젊은이들 가운데 불순종의 경우는 이러한 사례만큼 잔인하지 않을지는 모르지만 일반적으로 그들은 먼저 학습하기 전에 불순종의 결과를 겪어야 한다.

주님께서는 친히 우리에게 순종의 중요성을 보여주셨다.

주님께서는 하느님의 뜻에 순종하는 것은 가장 큰 자유라는 것을 우리 모두에게 보여주시고자 죽기까지 함으로써 아버지께 순종하셨다. 때로는 규칙이 우리의 활동을 제한하기 위해 만들어졌다는 것을 느끼지만, 사실 규칙은 우리에게 죄를 짓는 노예 상태에서 해방시켜주는 것이다. 자만과 불순종은 하느님을 거스르는 가장 큰 죄들이다. 자만과 불순종은 루치펠를 지옥으로 떨어지게 만든 죄 몫이었다. 만일 우리가 악마의 올가미에서 해방되고 싶다면 우리는 늘 하느님께 순종해야 한다.

■ 매스컴과 순종 ● ● ●

매스컴은 사람들과 공동체들, 사회와 국가들을 연결시킨다. 반항은 우리 사회에서 급격히 늘어나고 금전은 도덕성을 결정한다. 매스컴 개업자들은 일반 대중에게 강력한 영향력을 행사하고 있다. 그들이 영성적으로 양성된다면 그때 그들은 말과 행동으로 강한 복음 선포자들이 될 것이다.

교황 요한 23세와 그의 선임자 두 분은 통신 매체들을 위해 많은 문헌들을 내놓은 바 있다. 교황 비오 12세는 문헌에 열거된 매스컴 사용이 교회 사도직의 가장 큰 대상들에 속함을 감지하였다. 교황 비오 12세는 몇몇 200선언들(some 200 pronouncements)과 공적 담화들(Official Discourses)에서 매스컴에 관해 언급하였다. 교황 요한 23세는 첫 공식 문헌인 '모투 프로프리오 보니 파스토리스(Motu Proprio Boni Pastoris)'를 발표하는 데 매스컴을 이용하였고 교황의 직무를 수행하는 중 특전을 베푸는 것을 중단하지 않았다.[31]

교회는 가톨릭 프로그램이 청취자들과 시청자들로 하여금 교회 생활에 참여하여 신앙의 진리를 배우고 가톨릭 간행물들과 출판물들을 통해 독자들 가운데 완전한 그리스도교 정신이 주입될 수 있도록 촉진되어야 함을 강조하고 있다.[32]

참된 교회의 가르침에 순종하는 것을 통해 매스컴은 백성들로 하여금 참 자유에 도달하도록 도와준다.

이 장을 마무리하면서 나는 우리 주님의 말씀을 인용하고 싶다. "너희가 나를 사랑하면 내 계명을 지킬 것이다."[33] 우리가 하느님을 사랑한다면 그분의 덕행을 닮아갈 것이다. 예수께서는 우리에게 정결, 가난, 순종의 가치를 보여주셨다. 이 복음적 권고는 사제들과 수도자들만을 위한 것이 아니다. 모든 사람들이 성덕의 부름을 받고 있다. 우리의 생활 신분이 어떻든 간에 우리는 주님의 권고를 실천하여 우리 구원을 확신할 수 있다!

---

31) Archbishop Martin J. O'Conner, President of the Pontifical Commission on films, Radio and Television, "The Church and the Communication Media", Vatican : 1963.
32) Inter Mirifica, 14.
33) 요한 14 : 15.

제 2 부

성모 마리아와 성모님의
치명적인 무기들

"나는 너(뱀)와 그 여자의 사이에 너의 후손과 그 여자의 후손 사이에 적개심을 일으키리라.[1] 여자의 후손은 너의 머리에 상처를 입히고 너는 그의 발꿈치에 상처를 입히리라."[2]

　　세상이 시작될 때부터 하느님은 사탄의 패배를 복되신 동정 마리아에게 위임하셨다. "원수는 마리아에게 다가가지만 악마는 결코 마리아의 영혼이나 마음에 도달할 수 없을 것이다. 헛되이 악마는 그 발꿈치에 다가가려고 시도할 것이다."[3]

---

1) 뱀은 악마로 간주된다(지혜 23 : 24, 요한 8 : 44, 묵시 12 : 9, 20 : 2). 악마의 패배는 "머리"와 "발꿈치" 사이의 대조에서 확인된다.

2) 창세 3 : 15.

3) James Alberione, *Glories of the Blessed Virgin Mary* (Boston : Daughters of St. Paul, 1958), p.24.

사탄은 마리아를 이길 힘이 없다. 마리아는 순결하게 잉태되었기 때문에 악마는 결코 단 한순간도 마리아를 예속시킬 수 없을 것이다.

하느님은 당신의 아드님이 세상에 오는 것이 마리아를 통해 이루어질 것으로 예정하셨다. 따라서 그녀에게 부여된 영혼의 아름다움, 마리아 성격의 위대함, 마음의 순결함, 마리아의 지혜로운 마음, 마리아에게 주어진 모든 특권과 은혜는 전능하신 아버지께서 조화시키신 것으로 마리아가 하느님의 어머니가 되는 존엄성에 어울리게 함이다!

"마리아는 무지에서 해방되었다. 왜냐하면 그녀는 지혜의 자리이기 때문이다. 또 악에서 해방된 것은 그녀의 의지가 늘 올바르고 선으로 확인되었기 때문이며 죄의 타락에서 자유로워진 것은 그녀가 현세의 욕망에서 면제되었기 때문이다."[4]

죄가 하와를 통해 세상에 들어왔다면, 은총은 마리아를 통해 우리에게 왔다. 하와가 뱀에게 속았다면 마리아는 그렇지 않았다. 그녀의 불순종으로 하와는 하느님께 반항했다. 마리아는 자신의 완전한 순종으로 우리로 하여금 하느님과의 우정을 회복하도록 도와주었다.

---

4) 같은 책, 27쪽.

우리는 본성적으로 하와의 자녀들이지만 은총으로는 마리아의 자녀들이기도 하다. 만일 하와의 자녀들인 우리가 자만심, 분노, 관능적인 욕구, 무관심, 이기심의 욕망에 사로잡혀 있다면 마리아의 자녀로서 우리는 순종과 침묵, 애덕, 신뢰, 기도와 희생 안에 살고자 힘쓴다. 우리가 자신들을 마리아께 위탁하면 우리 자신들을 결코 죄로 손상되지 않으셨던 영혼에게 위탁하는 것이다. 우리는 *뱀의 머리에 상처를 입히도록* 하느님으로부터 위임받은 마리아에게 우리 자신들을 위탁한다.

그러므로 복되신 동정 마리아께 드리는 우리의 신심은 아들 예수님과 그녀의 특별한 유사성에 근거한다. 그녀의 원죄 없으신 마음은 언제나 성심과 일치를 이루고 있었다. 우리는 예수님을 사랑하므로 마리아를 사랑하고 우리가 마리아를 발견하는 곳이면 어디서나 우리는 예수님을 발견한다. 참으로 마리아에게 가깝게 느껴지지 않는다거나 이끌리지 않는 그리스도인은 없다. 마리아는 우리의 어머니이시며 모든 사람들에게 당신 사랑과 현존을 드러내신다. 그녀는 우리를 당신의 아드님께 인도하시길 원하신다. 실상 우리가 마리아께 드리는 모든 사랑, 신뢰, 흠숭, 찬미, 감사는 하느님께로 나아간다.

"마리아께 대한 신심은 그리스도인의 삶과 너무나 밀접한 관계에 있으므로 성 알폰소와 다른 많은 성인들과 교회의 학자들이 마리아께 신심을 두는 것은 우리의 구원을 위한 도덕적 필요성에 속한다고 한다."5)

우리는 모두 원죄로 물들어 있다. 그래서 악에 떨어져 무지와 약함에 예속된다. 성모님은 이것을 잘 아시고 사랑의 어머니와 같이 우리로 하여금 죄를 어떻게 정복하고 악마의 유혹을 어떻게 피하며 정욕을 느낄 때 우리의 의지를 어떻게 강화시킬 수 있는지 보여주신다. 성모님은 우리를 거룩함과 자기 포기와 하느님께 대한 우리 사랑의 성장으로 부르고 계신다.

성 보나벤투라는 "마리아는 극기에 첫째이고 하느님의 법에 대한 지식에 가장 능통하며 겸손하시고 거룩한 찬미가에 가장 근면하며 모든 덕에 가장 완전하시다"6)라고 말한다. 마리아는 우리가 선을 행하는 데 끈기가 있을 것이며 우리 자신이 싫증이나 낙담에 정복되는 것을 절대로 허용하지 말라고 가르치신다.

"만일 당신이 마리아를 따른다면 구원의 길에서 타락하지 않을 것이다. 마리아가 그대를 지지하신다면 그대는 넘어질 수 없다. 만일 마리아가 당신을 보호하신다면 두려울 것이라곤 아무 것도 없다. 왜냐하면 그대는 파괴될 수 없기 때문이다. 마리아가 당신을 인도하신다면 싫증나지 않을 것이다. 왜냐하면 그대의 구원은 쉽사리 이해되지 않을 것이기 때문이다. 결국 마리아가 그대의 방어를 취하면 그대는 분명 하늘나라를 얻게 될 것이다."

---

5) 같은 책, 158쪽.
6) Alberione, *Op. cit.*, p.106.

"우리는 모두 폭풍우가 이는 바다를 여행할 것이다. 만일 그대가 익사 당하지 않으려면, 그대는 결코 그대의 시선을 이 별에서 결코 떼지 말아야 한다는 것을 기억하라. 죄의 위험에서, 유혹으로 괴로움을 당할 때 그대가 행동해야 할 방법에 대해 의심스러워 할 때 마리아는 그대를 도울 수 있음을 기억할 것이다. 그래서 그대가 마리아를 청하면 마리아는 즉시 그대를 도와줄 것이다. 그대의 마음은 결코 그녀의 거룩한 이름에 대한 신뢰심을 결코 잃지 말 것이고 그대의 입술은 그녀에게 호소하는 것을 중단치 말 것이다."[7]

어머니 마리아는 우리에게 악마인 뱀의 머리에 상처를 입히기 위한 그녀의 다섯 가지 죽음의 무기들인 (1) 순종 (2) 침묵 (3) 희생 (4) 겸손 (5) 애덕을 가르쳐주신다.

---

7) Alberione, *Op cit.*, p.184.

제4장 | 마리아의 순종

성덕(holiness)은 하느님의 의지를 성취하는 데에 하느님의 계명을 완수하는 것을 전제로 한다. 성덕이 그 자체로 제아무리 보잘것없거나 무의미할지라도 하느님의 뜻에 반하여 행해지는 것은 완덕에 크나큰 장애물이고 악마 외의 그 누구도 즐겁게 하지 않는다. 생의 자만심에 굳게 뿌리내린 이 악덕은 대부분의 우리 추락(falls)의 원인이 되고 있다.

그러므로 하느님의 거룩한 의지를 완성한다는 것은 오로지 진정한 겸손에 기초한 순종을 요한다. 물론 하느님의 피조물과 자녀들인 우리는 순종이 매우 실천적인 겸손의 실행에 불과하므로, "하느님의 의지를 우리 살림살이에 정향하는 원칙으로 받아들여야"8) 한다.

사실 "참으로 겸손한 사람은 하느님께 대한 자신의 종속을 드러낸다."9) 예수 그리스도께서 계시하신 바와 같이 "내 계명을 받아 지키는 이야말로 나를 사랑하는 사람이다 …. 내 아버지께 사랑을 받을 것이다 …. 나를 사랑하지 않는 사람은 내 말을 지키지 않는다."10)

또다시 어머니 마리아에게서 우리는 겸손을 배운다. 주님 안에서 어머니의 깊은 사랑과 믿음과 신뢰로 강화된 마리아는 모든 복잡함을 저버리면서 보류하지 않고 하느님의 의지에 자신의 전적인 삶을 예속시킨다. "다른 어떤 성인보다 더 많이, 마리아는 당신 하느님의 아드님과 같다. 아드님과 같이 마리아의 특별한 신심은 하느님의 뜻에 대한 헌신이었다. 그녀에게 하느님의 의지는 하느님의 지혜와 선하심의 표현이었다."11)

■ 마리아의 순종 ● ● ●

마리아로부터 우리는 "… 말씀하신 대로 저에게 이루어지기를 바랍니다"12)라고 하는 순종을 배운다.

---

8) 같은 책, 128쪽.
9) 같은 책, 193쪽.
10) 요한 14 : 21, 24.
11) Frank J. Melvin, *Mary and Christian Life*, p.26.

복음의 이야기에서 복되신 동정 마리아에 대해 처음으로 기록된 이 말씀들은 그녀가 늘 겸손하고 충실하였으며 하느님의 순종적 여종이었음을 보여준다. 이 말씀들 중 한 말씀 한 말씀이 모두 크나큰 무게를 지니고 있다. 그러나 마리아는 반감 없이 응답하면서 크나큰 겸손으로 자신의 부름을 받아들였다. "어떠한 피조물도 우리의 성모님이 그랬던 것처럼 예수님과의 일치에서 하느님의 뜻에 그토록 완전한 번제가 되도록 하는 데 늘 그 자체를 봉헌한 적은 없었다."[13]

루카 안에서 마리아는 다음과 같은 아름다운 말로써 하느님의 영광을 드러냈다. "내 영혼이 주님을 찬송하고 내 마음이 나의 구원자 하느님 안에서 기뻐 뛰니 그분께서 당신 종의 비천함을 굽어보셨기 때문입니다. 이제부터 과연 모든 세대가 나를 행복하다 하리니 … 그분의 이름은 거룩하고!"[14]

참으로 마리아는 그리스도의 첫 번째 제자였다. 그분으로부터 마리아는 영적인 진보와 완전함에 관해 알아야 할 모든 것을 배웠다. 그리스도로부터 마리아는 하느님을 사랑하는 것이 모든 것 안에서 그분께 순종하는 것임을 터득했다. 물론 그녀 안에는 어떤 불완전함의 그림자라든가 이기심의 흔적과도 같은 아주 작은 죄의 티도 전혀 없었다. 그녀의 모든 삶은 순종의 덕에 모범이

---

12) 루카 1 : 38.
13) Bernard Fennelly, *Op. cit.*, p.200.
14) 루카 1 : 46-49.

될 만큼 절대적으로 탁월하였다.

어린이로서 마리아는 성녀 안나와 성 요아킴에 예속되었다는 전승이 있다. 마리아는 아주 짧은 순간에도 될 수 있는 한 최선을 다해 부모님을 사랑하고 섬기며 그분들께 순종했다. 성전에 들어갔을 때 마리아는 교사들이 정해준 모든 규칙과 규범을 아주 주의 깊게 성실히 준수하였으므로 동료들까지도 즉시 그녀의 영혼의 아름다움과 순결을 지켜볼 수 있었다.

영적 열정으로 넋을 빼앗기고 하느님 사랑으로 매혹된 마리아는 즉시 동정 서원을 발하여 하느님께 자신의 삶을 봉헌하였다. 자연히 마리아는 어떤 사람과 혼인하는 것을 전혀 염두에 두지 않았다. 그러나 천사 가브리엘이 그녀에게 하느님의 거룩한 뜻을 알렸을 때 마리아는 기꺼이 동의했다. 그러기에 성 요셉과의 그녀의 혼인이야말로 가장 탁월한 순종 행위였다.

그녀가 충만한 은총을 부여받았을 때 마리아는 누구에게도 그것에 대해 결코 언급하지 않았다. 하느님이 알고 계셨고 또 그녀로서는 그것으로 충분하였다. 따라서 황제가 모든 이들에게 베들레헴으로 가서 등록하라고 명령했을 때 마리아는 완전한 겸손 안에서 순종했으니, 그것은 자기 해방의 때가 이르러 여행길이 멀고 어려울 것이라는 것을 알면서도 그러했다.

마찬가지로 성 요셉이 그녀에게 거룩한 아이의 생명이 위험에 처해 있어 자신들은 이집트로 피신해야 한다는 것을 마리아께 말했을 때 조국 히브리 나라를 떠나 이교도 국가에서 배회하는 것이 그녀에게는 고통스런 일이었건만 복되신 동정 마리아는 조용히 순종했다. 물론 그들은 군사들의 추격을 피해 달아날 때 밤의 어둠 속에 직면해야 할 위험성을 알고 있었다. 그렇지만 마리아는 순종했다.

참으로 그녀의 전 생애는 하느님의 거룩한 뜻에 완전히 일치한 삶이었다. 날마다 그녀는 하느님의 계획을 따르다가 마침내 성금요일에는 순종의 최상 표현인 아드님의 죽음에까지 함께 동반하였다. 그녀는 십자가에 못 박히신 아드님과 일치하여 죄 많은 인류의 불순종을 속죄하였다. 그녀는 사탄의 반항 정신을 쳐 이겼다.

그러므로 우리는 마리아의 순종이 교만한 생활(the pride of life)이 의미하는 모든 것과 전적으로 반대되는 것임을 분명하게 알 수 있다. 그것은 하느님이 원하시는 모든 것에 대한 완전하고 철저한 "응답(yes)"이다. 성 이레네오는 "하와의 불순종의 매듭이 마리아의 순종을 통해 그 해방을 얻는다"[15]고 적고 있다. 마리아의 마음의 지성소 출입은 하느님의 계획을 완수하는 것 외에 그 어떤 것도 이제까지 발견하지 못하였다. 그래서 그녀는 매

---

15) Bernard Fennelly, *Op, cit.*, p.198.

번 하느님께 자신의 능력을 굴복시키고 있으며 또다시 원죄 없이 잉태되신 성심의 광채가 비치면 비춰질수록 악마의 눈은 멀게 된다.

"마리아의 순종으로 마리아의 몸은 성령의 힘으로 감싸여 육화하신 하느님께서 머무시는 성전이 되셨다."16) 주님의 탄생 예고에 마리아는 *피앗(Fiat, 그대로 이루어지소서)*을 말씀드렸다. 마리아의 그 같은 참된 순종은 늘 신속하고 온유하며 명확하다. 그녀는 자신의 승낙이 가져오게 될 것이 어떤 것인지를 이미 알고 있었다. 그것은 공적인 수치심, 돌에 맞아 죽을 가능성, 부끄러움과 굴욕을 의미한다. 그것은 메시아에 대해 기록된 모든 것을 다 아는 그녀에게 성금요일의 순교를 준비시켜주고 강력하게 만들어줄 작은 십자가들을 의미할 것이다. 그녀는 무엇이 그분을 기다리고 있는지를 알았다. 그러기에 그녀가 그분의 어머니가 되기로 승낙하면 그녀 역시 엄청난 고통을 받아야 할 것이다. 주저함 없이 그녀는 온 정신과 마음과 영혼을 다해 하느님이 주시는 것을 받아들이면서 자기 자신의 판단과 의지를, 사랑하고 흠숭하며 신뢰를 드리던 하느님께 예속시켰다.

기쁨과 슬픔, 가난과 부귀, 찬미와 겸손, 찬미와 굴욕, 피로와 휴식, 건강과 병약함 — 이 모든 것들은 이 겸손한 하녀에게 한결같이 귀중한 것들이었으니, 왜냐하면 그녀는 이러한 것들이 하

---

16) 같은 책, 201쪽.

느님 뜻의 전적인 표현들이라고 믿었기 때문이다.

마리아의 완전한 순종 생활은 사탄과 그의 졸개들이 세상을 더럽힌 반항과 자만에 대한 철저한 반박이었다.

마리아는 우리에게 "인간은 자신의 자유 의지를 가장 완전하게 사용할 때 하느님의 뜻을 완수하는 것이다. 참된 자유는 우리가 뜻하는 것을 행하는 데 있지 않고 하느님이 그렇게 원하시기 때문에 우리가 하고자 하는 것을 행하는 데에 있다"고 가르쳐주신다."[17]

마리아는 우리에게 말씀하신다. "무엇이든지 그가 시키는 대로 하라."[18] "이것은 수세기 동안 당신 아드님의 특별한 계획을 이루기 위해 불림 받은 모든 사람들에게 내려오는 마리아의 메시지다."[19] 마리아는 우리로 하여금 아드님을 따르고 언제나 그분께 대한 특별한 사랑을 마음속 깊이 새기며 그분을 신뢰하라고 말씀하신다.

■ 마리아를 따르기 ● ● ●

우리가 지닌 자기 의지(self-will)를 없애지 않고 아버지의 뜻

---

17) Frank J. Melvin, *Ibid.*
18) 요한 2:5.
19) Bernard Fennelly, *Op. cit.*

에 우리의 인간적 기능들(faculties)을 예속시킨다는 것은 있을 수 없는 일이다. 왜냐하면 그렇게 될 때 우리의 예속은 성실성과 진실성이 결여된 피상적인 것이 되기 때문이다.

"우리는 자만과 불순종, 자기 의지에 애착하는 선천적인 경향을 타고남으로 인해 결국에는 하느님의 뜻을 혐오한다. 우리 영혼의 이러한 자세는 우리가 무슨 이유로 추락하고 마는지에 대해 설명해준다. 무엇 때문에 우리는 덕행의 길에서 이탈하는 것일까? 그것은 우리 자신의 만족(gratification)에 기여하는 것이 아닌가? 어째서 우리는 우리의 생활 신분의 본분을 수행하는 데 불충실한 것일까? 그것은 우리가 우리 자신의 활동을 조정하는 우리의 방법(way)을 원하기 때문이 아닐까?"[20] 그래서 우리는 이것에 대해 다음과 같은 물음을 덧붙일 수 있으리라. "무슨 이유로 우리는 기도하고 고독을 보존하며 내적 묵상을 하기가 어렵다고 보는 것일까? 그것은 우리가 너무나 쉽게 마음을 흩어버리기 때문이 아닐까? 우리의 약속과 결단에도 불구하고 어째서 우리는 자꾸 반복적으로 같은 죄를 짓는 것일까? 그것은 우리의 감정과 이성과 자기 의지가 우리를 지배하도록 방치하기 때문이 아닐까?"

성모님은 우리에게 "나는 언제나 그분 마음에 드는 일을 하기 때문이다"[21]라고 하시는 주님의 낭랑한 목소리를 우리가 많이

20) 같은 책, 140쪽.
21) 요한 8 : 29.

따르면 따를수록 더욱 완덕으로 성장하고 그분과 같이 될 것임을 가르쳐주신다.

마리아는 친히 하느님이 원하시는 바를 늘 원하신다. 마리아의 단 한 가지 관심사는 하느님의 뜻에 완전히 일치하여 사는 것이었다. 그녀는 늘 겸손하여 자만과 거짓의 우두머리인 사탄에게 창피를 주셨다.

마리아처럼 우리 각자도 불순종을 두려워하고 무서워하기까지 해야 하며 *하느님의 뜻에 늘 불순종한다는 생각에 전율해야 한다.* 우리는 늘 제 멋대로 조심성 없이 죄에 떨어진다. "우리의 선택은 좋은 것이 될 수 있다. 우리가 선택하는 것이 정당한 것이 되는 한에서만 그것은 좋은 것이다. 그렇지만 성향들이 합당할지라도 끊임없이 우리 자신의 성향들을 따름으로 인해서 자기 의지의 습관은 우리 안에서 자라나게 된다. 우리가 어떤 것을 행하는 데 열중하고 있지만 그것이 금지되기 때문에 할 수 없을 때는 결국 하느님의 뜻에 저촉될 위험성이 있다. 우리의 뜻을 포기하는 데 익숙하지 않으면 우리의 열정이 요구하는 바에 굴복할 위험성에 처하게 된다."[22] 이런 일이 발생하면 "일이 제아무리 고귀하다 할지라도, 하느님의 뜻이 아닌 일에 그분의 실제적인 도움을 약속치 않으시는"[23] 그분의 은총에서 우리 스스로 물러나게 된다.

---

22) Bernard Fennelly, *Op. cit.*, p.194.
23) 같은 책.

가정에서 아버지와 어머니는 하느님을 대신하는 분들이다. 자녀들은 부모를 정당한 웃어른으로서 그분들을 사랑하고 그분들께 순종해야 한다.[24] 학교에서는 관리자들과 선생님들이 하느님의 정당한 대리자들이다. 관직에서 하느님은 회장이나 책임자에게 말씀하시는가 하면, 수도원의 원장과 장상은 수도자와 축성된 이들에게 하느님의 거룩한 뜻을 알리는 도구들이다.

우리는 모두 늘 장상들을 존경하고 그들에게 순종하도록 불림받았다.

루치펠은 하느님의 숭고한 권위를 인정하기를 거절하였기 때문에 타락했다. 그놈은 오늘날에도 이와 같은 수단을 써서 우리를 유혹한다. 그러기에 우리는 끊임없이 하느님께 간구하여 우리 장상들 안에서 하느님을 뵙는 믿음을 구해야 한다. 이렇게 하기 위해서는 우리가 "모든 명령에서 하느님만 생각하고 명하시는 분들 안에서 하느님의 권위를 생각해야 한다. 그래야만 우리는 깨끗하게 순종하게 된다. 우리가 순종하는 것은 명령을 좋아해서도 아니고, 장상이 거룩하고 지혜로워서도 아니며 우리가 명령의 동기를 이해하고 있어 순종을 하면 유익하다고 보기 때문도 아니다. 우리가 순종하는 것은 오로지 큰 공로를 쌓고 싶어서다."[25]

---

24) 탈출 20 : 12.
25) James Alberione, *Op. cit.*, p.132.

공교롭게도 어떤 특이한 장상은 성격에 결함이 있다든지 아니면 우리가 판단하기에 인간성이 그다지 신중하지도 현명치도 못할 수가 있다. 순종은 우리로 하여금 장상의 한계성에 머무르는 것을 거절하길 요구한다. 성 바오로는 "하느님께로부터 오지 않는 힘은 아무것도 아니다"[26]라고 일러준다. 만일 장상이 늘 인내하지 못하고 분노하며 분별력이 없다면, 하느님은 그들을 통해 우리를 정화시켜주시고 성화시켜 주심에 감사드려야 한다.

"장상에 대한 반감을 기르지 않도록 크게 조심해야 한다 …. 우리는 안팎으로 모든 비판과 불평을 피해야 한다."[27]

순종이 완전해지려면 의지의 내적이고 외적인 행동이 따라야 한다. 그것은 이성과 감정에 좌우되어서는 안 된다. 예수님과 마리아의 "모든 삶과 죽음은 오로지 하느님의 뜻을 이루는 것이기 때문에 그것들은 가치가 있다."[28]

그러나 장상은 하느님이 주신 임무가 중대하고 하느님의 사랑과 우정과 동정을 자신들에게 맡겨진 영혼들에게 베풀라고 불림을 받았음을 생각해야 한다. 성서에 다음과 같은 말씀이 있다. "집에서는 사자와 같이 되지 말고 식구들을 위협하지 말 것이며 너희 아래 있는 자들을 억누르지도 마라."[29]

---

26) 로마 8 : 1.
27) Bernard Fennelly, *Op. cit.*, p.175.
28) 같은 책, 135쪽.

그러나 권위를 지닌 사람이 하느님의 법에 반대되는 명령을 할 때는 우리가 *순종해서는 안 된다는 것*을 기억하는 일은 중요하고 필요하다.

■ 순종과 애덕 ● ● ●

예수께서는 우리에게 이렇게 말씀하셨다. "누구든지 나를 사랑하면 내 말을 지킬 것이다. 그러면 내 아버지께서 그를 사랑하시고, 우리가 그에게 가서 그와 함께 살 것이다."[30] 이에 대해 마리아는 "누구든지 그가 시키는 대로 하여라"[31]고 응답한다.

우리가 주님을 사랑한다면 그분의 말씀을 듣고 그분께 기도하며 그분께서 우리에게 특별히 명하신 계명, 즉 온 마음과 정신과 힘을 다해 하느님을 사랑하라는 계명을 모두 실천하게 될 것이다. 우리는 또한 하느님이 다른 사람들을 사랑하신 까닭에 그들을 사랑하고자 힘쓸 것이다. 우리가 다른 사람들의 마음을 아프게 하면 하느님을 아프게 하는 것이다. 따라서 그분의 가르침에서 "예수께서는 순종은 사랑의 증거요 사랑의 수행이며 사랑의 표명임을 명백하게 해주신다."[32] 성모님은 우리에게 그 길을 보여주신다.

---

29) 탈출 3 : 19.
30) 요한 14 : 23.
31) 요한 2 : 5.
32) Bernard Fennelly, *Op. cit.*, p.135.

자만, 자기 뜻, 오만함이 판치는 세상에서 많은 이들은 마리아를 세상 사람들의 영광스런 모후요, 세상의 영광스런 여왕(Regina Gloriosa Mundi)으로 인정하기를 거부하지만, 성모님은 여전히 여왕으로 계시면서 "당신 아드님의 희생과 일치하심으로써 마음을 끌어당기는 힘을 가지시는 것은 우리가 어린양의 성혈로 깨끗이 정화되도록 하기 위함이다."[33] 마리아는 우리에게 사탄을 무찔러 이기도록 이끄는 힘을 갖고 계신다.

그러므로 우리는 지극히 겸손하고 순종적인 동정 마리아께 애원하여 *순종의 승리자*이신 당신 아드님의 승리에 참여하는 데 도움을 구해야 한다.

"들을 줄 아는 자는 언제나 말할 수 있다"[34]는 말씀이 있다. 우리가 순종하는 것이 어떤 것인지를 알고 계시는 성모님께 우리 자신을 위탁하는 것은 묵시록의 거만하고 *반역하는 짐승*을 쳐부술 것을 약속해준 어떤 사람에게 우리 자신을 내어주는 것이다.

---

33) 같은 책, 201쪽.
34) 잠언 21 : 18.

제5장 | 마리아의 침묵

"말이 많은 데에는 허물이 있기 마련, 입술을 조심하는 이는 사려 깊은 사람이다."[35] 만일 우리가 죄의 슬픈 기회에서 도망치기를 원한다면 우리는 죽은 사람의 모습을 닮아야 한다. 그가 침묵 속에 영면하는데도, 사람들은 그에게 영광스런 찬미나 비평을 할지도 모른다. "죽은 사람과 같이 되시오, 그러면 당신은 구원될 것입니다."[36]

악마가 공격하면 원수는 영혼을 위협한다. 그러므로 우리는 전쟁과 휴식을 하는 동안 마음이 고요해질 때까지 하느님의 현

---

35) 잠언 10 : 19.
36) Apothegmata Patrum 476, p.123, 132.

존 안에 잠잠히 머물러야 한다.

성 베네딕도의 규칙서에서 침묵은 "긴장 완화를 위한 기술이나 자기 문제를 잊는 예술"처럼 그렇게 많이 정의되지 않는다. 오히려 침묵은 *본질적인 자세의 실천*이다. 그것은 악한 경향을 무너뜨리는 수단으로 우리의 이기주의와 투쟁하지만 도덕적인 도전을 제공한다. 그렇지만 그것은 무엇보다도 하느님께 우리 자신을 개방하는 수단이다."[37] 성 베네딕도에게 침묵과 순종과 겸손은 서로 분리될 수 없다. "겸손은 순종과 침묵이 솟아나는 기본 자세다."[38] 왜 침묵적이어야 하나? 우리는 하느님의 현존에 개방성을 유지하기 위해 침묵해야 한다. 우리가 하느님을 사랑하고 경배하며 봉사하는 마리아와 침묵을 생각하게 되는 것은 바로 이런 관계 안에서다.

■ 침묵의 덕 ● ● ●

침묵할 때만 우리는 하느님께 귀 기울일 수 있을 것이다. 따라서 침묵은 덕행이다.

---

37) Grun Anselm, OSB, *The Challenge of Silence* (M. Manila : St. Paul Publications, 1980) p.8.
38) 같은 책, 64쪽.

지적 침묵

악마가 공격을 해오는 동안 우리는 고요를 간직할 곳과 그 때를 알아야 한다. 첫째로 침묵은 공포심을 없애준다. 성령께 드리는 기도로 우리는 침묵을 깨뜨릴 때를 알게 될 것이다. 마리아는 이 측면에서 완전하셨다. 악마가 그녀를 함정에 빠뜨릴 수 없다는 것은 당연하다. 마리아는 문제들을 마음속 깊이 곰곰이 생각했다. 그녀는 격렬한 충동에서 자신의 좀더 나은 몫을 택하기를 허용치 않았다.

종종 우리는 원하는 것만큼 말하면서 우리의 말이 때로는 오해와 분쟁의 소지가 된다는 것을 잊고 있다. 애덕은 우리가 격려의 말을 할 것을 요청한다. 그것은 천하다고 느끼는 사람들의 정신을 위로해주고 향상시키는 말들이며 우리 주변 사람들에게 도움을 가져다주는 말들이다. 우리는 결코 허위와 천한 말과 우리 입을 스쳐 가는 무용한 언사를 허용해서는 안 된다. 만일 우리의 말이 불일치, 분열, 혼란, 증오의 원인이 된다면 성령께 개방되어 고요하고 평온하게 머물러있는 것이 더 낫다.

창조적 침묵

자존심이 강한 사람들은 말하기를 좋아한다. 그들은 쓸모 없이 말하거나 무익한 담화에 임하면서 자신들의 시간을 허송세월한다.

한편, 쓴맛과 반감을 일으키며 침묵 중에 곰곰이 생각하는 사람들이 있다. 사람들이 그것들을 알아채든 알아채지 않든 그들은 아무런 관심도 없다. 그들은 자신들의 세상에 함몰된다. 사람들이 말을 건네면 그들은 응답을 거부하다가 마침내는 불쾌감이나 분노를 드러낸다. 그들은 행동으로 그 일을 한다. 그들은 문을 쾅 닫고 책상을 주먹으로 내려친다든지 자신들의 불만족을 표현하기 위해 닥치는 대로 물건들을 때려부순다. 그들은 말을 하지는 않지만 바로 그렇게 다른 이들의 마음을 상해준다. 소음은 그들의 정신과 마음 안에 있지 밖에는 없다.

우리 모두는 이러한 성향을 갖고 있다. 우리는 어떤 말도 하지 않지만 내적으로는 근심 중에 있다. 너무나 많은 일들이 우리를 괴롭힌다. 창조적 침묵은 우리가 분주하거나 그렇지 않거나, 행복하거나 슬프거나, 흥분하거나 평화롭거나 간에 우리가 해야 할 무엇인가를 발견하는 것이기에 그것은 바로 태만하게 있지 않기를 요구한다. 우리는 옛 친구에게 편지를 쓰고 정원에서 일을 한다든지 침실을 정리할 수 있다. 그렇지 않으면 집안 청소를 하고 친척을 찾아본다든지 악기 연주법을 배울 수 있다. 다양하게 생산적인 일을 하는 동안 우리는 삶을 관조하며 고요하고 평화 중에 완성된 일들을 미완성된 일들 안에서 평가한다.

관대한 침묵

우리는 죄를 미워해야 하지만 죄인만큼은 사랑해야 한다. 우리 모두는 누군가에 대해 싫어하는 경향이 있다. 우리는 어떤 사람의 단순한 현존이 우리를 위협하는 이들로 비춰지는 경우가 있고 아직도 단점들을 쉽게 찾아볼 수 있는 이들도 있다. 우리는 그들의 잘못을 알고 있기에 그들과 결합하기를 원치 않는다.

우리의 원수들이 혈육과는 무관함을 알고 있기에 우리는 죄인들의 모든 잘못을 잊어주면서 고요히 그들을 용서해주어야 한다. 아무 짝에도 쓸모 없는 무익하고 혼란한 모든 순간을 침묵으로 이겨낼 수 있는 것이 거룩한 이탈로써만은 어려운 일일지도 모른다.

사랑의 침묵

악은 악이 아닌 선으로 극복할 것이다. 주님의 용사가 부상당하면 특별히 적이 없는 곳에서 절대로 그에 대한 험담을 늘어놓지 말고 고요히 머물러 있어야 한다.

침묵으로 우리는 다른 이들의 마음을 아프게 하는 것을 삼갈 수 있다. 우리는 잠잠하고 조용히 머물며 하느님 앞에서 그분과 깊은 친교 속에 머물 것이다. "너희는 멈추고 내가 하느님임을 알아라. 너는 민족들 위에 드높이 있노라. 세상 위에 드높이 있노라."[39]

우리가 하느님을 진실히 신뢰한다면 염려할 것이라곤 없다. 우리 안에는 영적인 평온함이 있다. "하느님의 말씀에 고요히 개방된 사람은 수도원장과 그의 동료 말에서도 그분의 말씀을 들을 것이다. 그는 또한 자기 이웃 안에서 하느님의 현존을 보게 될 것이다."[40] 침묵에서 관심을 돌리는 것은 하느님과 갖는 우리의 친교를 내외적으로 끊어버리는 것이다. 그러므로 침묵은 기도를 위한 가장 훌륭한 준비다.

마리아의 침묵

지상에서 마리아의 생활은 묵상(recollection)과 기도의 삶이었다. 그녀는 이미 어렸을 때 자신을 하느님께 봉헌하고 성전에서 머물면서 그분께 봉사하고 그분을 경배하였다.

교회가 천상과 지상의 모후로 선포하신 마리아는 공동체 생활의 엄격성에 종속되어 자기 장상에게 겸손한 순종으로 일하고 다른 봉헌된 영혼들 사이에 있다고 생각했다. 전적인 봉헌과 포기로써 그녀는 하느님께 자신의 삶을 드리면서 하느님과의 완전

---

39) 시편 46 : 11.
40) Grun Anelm, OSB, *Op cit.*, p.64.

한 일치를 유지하였다. 그녀에게서 나오는 말씀은 거의 없지만 그녀의 행위들은 창조주께 대한 엄청난 사랑으로 나타난다.

대천사 가브리엘이 구원의 기쁜 소식을 마리아에게 전했을 때 그녀는 "그대로 제게 이루어지소서(Fiat)"라는 단 한마디만 말했을 뿐이다.

성 요셉과 약혼한 사람을 두고 이미 태중에서의 말씀의 육화는 성모님께 몇 가지의 걱정을 끼쳐드렸음에 틀림없다. 그렇지만 그녀는 침묵 중에 머물렀다. 그녀는 완전한 신뢰로써 성 요셉이 그녀를 포기하게 되면 일어날지도 모를 모든 비방에 대해 하느님의 보호하심에 내맡겼다. 그녀는 결과가 어떻게 되리라는 것을 알고 있었지만 모든 것을 주님께 맡겼다. 그녀는 모든 것을 자기 안에 간직하였고 미래의 배우자한테까지 한마디 말도 건네지 않았다.

하느님의 어머니가 되는 것을 수락한 마리아는 이와 같은 평화와 고요로 모든 시련과 난관들을 마주할 준비가 되어 있었다. 그래서 그녀는 "당신의 영혼이 칼에 꿰찔리리라"[41]고 하는 모든 것을 침묵 중 마음속 깊이 새기면서 시메온의 예언을 받아들였다. 이미 그녀의 순교는 시작되었다. 어느 날 그녀의 두 눈앞에 나타날 아드님의 수난과 죽음을 그녀에게 준비시킨 순교가 이미

---

41) 루카 2 : 35.

시작되었던 것이다.

예수님을 성전에서 찾았을 때 예수님은 성모님께 이렇게 말했다. "왜 저를 찾으셨습니까? 저는 제 아버지의 집에 있어야 하는 줄을 모르셨습니까?"[42] 어머니를 슬프게 하는 것이라면 그것이 어느 것이든 그녀의 아들을 꾸짖도록 했겠지만 모든 것을 아버지의 계획의 한 부분으로 알고 있던 마리아는 겸손하게 고요히 머물렀다.

예수님이 30은전으로 친구며 사도에 의해 배신당하던 밤에 어머니의 마음은 산산조각 나지 않았겠는가? 그러나 자신의 고통과 슬픔에는 아랑곳하지 않고 마리아는 모든 것을 곰곰이 생각하면서 침묵 중에 하느님의 계획에 자신을 맡겨드리며 죄인을 용서할 준비가 되어 있었다.

십자가의 발치에서 예수께서는 "여인이시여, 이 사람이 어머니의 아들입니다." "이분이 네 어머니시다"라고 말씀하셨다.[43] 그녀는 십자가에서 한 아들을 잃었지만 요한의 인격 안에서 영적으로 많은 아이들을 얻었다. 예수께서는 마리아의 아들이자 외아들이셨지만 결코 그녀는 세상의 어머니가 되는 것을 거부하지 않으셨다. 그녀의 아드님의 소망은 곧 그녀의 소망이었다. 예수님의 어머니는 우리의 형제로 예수님과 함께 우리의 형제가 되셨다. 그녀는 한마디 말씀도 하지 않으셨다. 그녀는 침묵으로

---

42) 루카 2 : 49.
43) 요한 19 : 26-27.

모든 것을 받아들였다. 어머니 마리아는 해골터에서 그녀의 눈물과 피로 아버지께 힘차게 중재하고 계셨다.

■ 마리아를 따르기● ● ●

마리아가 행한 방식을 살아간다는 것은 때때로 어려운 일이다. 왜냐하면 이 같은 기도의 여인은 매순간 자신과 함께 그리고 자기 안에서 주님의 현존을 완전하게 깨달았기 때문이다.

"너희는 멈추고 내가 하느님임을 알아라 …."[44]

침묵 중에서 창조주 하느님은 우리에게 말씀하신다. 우리의 생활 안에서 그분과 함께라면 어떤 문제도 결코 그리 무거워질 수 없을 것이고 어떤 어려움을 참아내는데도 그리 힘들지 않을 것이다. 또한 어떤 슬픔도 그리 크지 않을 것이다. 어머니 마리아와 하느님이 우리에게 보내주시는 많은 어머니들에게 감사드린다. 고통은 견뎌낼 수 있다. 삶은 아름다워진다.

■ 결 론● ● ●

침묵한다는 것은 반드시 고독 안에 머물기 위해 우리가 사막

---

44) 시편 46 : 11.

으로 가야만 하는 것을 의미하지는 않는다. 그것은 우리가 하느님과 다른 이들 그리고 우리 자신과 평화로이 있는 것을 뜻한다. 그것은 영의 고요함을 의미하고 의지의 강함을 뜻한다. 우리는 쉽사리 괴로워하지 않는다. 우리는 매우 괴로운 상황 속에서도 침착하게 머물 수 있다. 우리가 침묵의 주인이 되면 많은 죄와 악덕을 극복해낼 수 있다.

"침묵의 목적은 우리 마음속 가장 깊은 곳에 계신 하느님을 만나는 데 장애물이 되는 것을 제거하면서 우리에게 주시는 하느님의 뜻을 분명하게 밝히기 위함이다. 침묵 안에서 우리는 인내로 기다린다. 우리가 하느님을 만나 뵙는 방법과 시간을 정하는 것은 아니다. 감정이나 체험이 있고 없음을 떠나서 하느님은 우리를 만나시고 싶은 때와 장소와 방법을 정해주신다. 요구하고 이의를 제기하는 우리는 누구인가?"

우리의 모범자, 어머니 마리아와 함께 우리는 승리를 얻을 수 있다. 어머니 마리아는 친히 우리의 비밀 병기이시다. 어머니를 따름으로써 우리는 침묵 중에 모든 불의와 거짓 고발과 비평을 이겨낼 수 있으며 영적 건조함인 깊은 고통의 시간에 잠잠히 있을 수 있다. 온갖 칭찬에 직면하여 그리고 우리가 받은 많은 축복 속에서 우리는 자만과 자기 만족의 죄가 우리 영혼의 고요함을 무너뜨리는 일이 없도록 고요히 머물러 있어야 한다. "현자(賢者)는 역경과 순경, 양자에서 똑같은 마음을 보존한다. 그는 자신을 순경으로 찌그러지지도, 역경으로 의기양양하게도 놔두지 않는다."[45)

마리아가 간직하던 가장 위대한 보물 중에 침묵이 없었더라면 구원 계획은 위태롭게 되었을 것이다. 우리 신앙의 신비는 현자들과 권세 있는 자들 및 부자들의 눈에는 가려져 있었지만 가난한 자들과 비천한 자들 그리고 단순한 사람들의 마음 안에 드러나고 있다. 그러한 것이 우리 하느님의 지혜이시다. 하느님은 침묵할 줄 아는 자와 한때 유산으로 받은 풍부한 자산을 세어볼 수 있는 사람에게 당신 자신을 드러내 보이신다. 오로지 듣는 마음만이 바로 어머니 마리아가 하셨던 것처럼 하느님의 크나큰 사랑을 큰 기쁨으로 받아들일 수 있다.

늘 우리 안에 고요한 마음(disposition)을 간직하도록 노력할 것이다. 한번은 악마가 대수도원의 수도승에게서 자기 출입구가 어디인지를 질문 받고 나서 대답하기를, "나는 가대, 식당 그리고 침실에서 출입구를 얻어낸다"고 하였다.[46)

우리는 악마가 통상적으로 우리를 못 박는 장소에 관해 경고를 받았으므로 우리가 침묵을 사랑하고 소음을 일으키는 **모든**

---

45) Prem Jesus, Jesswani, *Treasury of Worldly Wisdom* (Manila : solar Publishing Corporation, 1988), p.12.

46) Ligouri Alphonsus, *True Spouse of Jesus Christ* (Toronto : Redemptorist Fathers, 1929), p.475.

것에 대해서 경멸을 느끼기 시작할 것을 나는 기도한다. 복되신 동정녀의 훌륭하신 지혜를 따라가도록 하자. 우리가 처한 상황이 어떤 상황이든 간에 침묵을 실천하도록 하자.

제6장 │ 마리아의 희생 정신

희생은 우리의 행위를 거룩하게 하는 것이다. 우리의 죄와 다른 이들의 죄를 보상하는 데에서 드높은 원인(a higher cause)을 위해 희생을 바칠 때 우리가 할 수 있는 것은 무엇이나 거룩하게 할 수 있다.

우리의 삶에서 가장 황폐한 자원 중의 하나는 곡식이나 기름도 아니며 그렇다고 음식도 아니다. 그것은 고통이다. 고통은 누구에게든 무섭거나 아니면 증오스런 것으로 여겨진다. 그렇지만 하느님은 인류의 구원을 성취하기 위해 고통과 괴로움을 선택하셨다. 고통은 다섯 가지 효과들, 즉 자기 연민, 쓰디씀, 고통을 일으키는 사람에 대한 증오, 괴로움, 슬픔으로 이루어져 있다. 앞의 세 가지는 이기주의가 특징인데, 그것들의 뿌리들은 자만심에 두고 있다. 괴로움과 슬픔은 올바르게 수로를 열면 우리의 영혼을 정화시키고 구원을 일으킬 수 있는 고통의 다른 결과들이다. 나머지 두 가지는 유일한 중재자이신 예수님과 함께 그녀의 공속자의 역할(co-redemptive role)을 함께 하기 위해 어머니 마리아가 사용하셨던 것들이다.

마리아는 죄의 결과인 악에서 해방된 단 하나의 특권을 하느님으로부터 받은 까닭에 모든 피조물들 위에 있다. 전적인 삶을 통해 마리아는 모든 덕을 실천하고 하느님의 뜻에 전적으로 체념하며 살았다. 그렇지만 완전하고 죄가 없을지라도 그녀는 고통에서 면제되지 않았다. 실상 복되신 어머니는 교회가 당연히 그녀를 *순교자의* 모후로 기원하는 것과 같은 맹렬한 슬픔, 비탄, 고통을 체험하였다.

그 순간부터 그녀는 『성경』을 알았기 때문에 메시아의 어머니가 되는 것을 받아들였고 심한 고통, 박해, 재난을 당해야 할 것임을 알았다. 그녀는 그리스도에 관해 쓰여진 모든 것과 그리스도께서 당하실 죽음의 종류에 대해서 알고 있었다. 그녀는 자신이 승낙을 하게 되면 "죄인"의 어머니로 분류된 결과들을 마주해야 할 것임을 알고 있었다. 그러나 마리아는 진정한 위대성이 하느님의 뜻을 완성함에 있음을 알고 망설임 없이 기꺼이 그녀의 *피앗*을 말하였다.

■ 위대한 희생의 여인 ● ● ●

마리아는 모든 면에서 슬픔의 여인이었다. 그녀는 영혼들의
구원과 하느님의 영광을 위해 개인적인 자유, 명예, 명성, 인간적
인 조건 아니 자신의 삶까지도 희생하였다. 그녀는 상상으로 떠
올릴 수 있는 가능한 모든 고통들인 가난, 굴욕, 거짓 비난, 악의
와 인간들의 멸시를 체험하였다.

가난한 사람들은 열심히 일해야 하므로 예수님과 마리아는 가
난하게 사시는 것을 선택하셨다. 가난한 사람들은 그들의 비참
함과 하느님께 대한 자신들의 의존을 알고 있다. "가난은 삶의
고민과 걱정들에서 영혼들을 해방시킨다. 속세의 물건들에 관한
세속적인 걱정만큼 그렇게 많이 마음을 속박하는 것은 아무것도
없다. 그러나 마음으로 가난한 사람들은 그러한 모든 물건들에
대해 무관심하다."47) 거짓의 아비는 우리를 잘못되게 인도하는
재물, 위엄, 야망, 성공의 약속을 사용한다. 이와는 달리 성인들
은 우리를 고통, 시련 혹은 재난이 참으로 하느님을 사랑하는 사
람에게는 그렇게 무거운 짐이 아님을 우리에게 보여준다.

마리아는 목수의 부인으로 가난한 사람들에게 알려진 모든 궁
핍의 고통을 겪었다. 그의 마음이 "창으로 꿰뚫리는" 예수님을
배알하는 순간부터 마리아는 당신이 받은 모든 모욕과 고통과

---

47) 위의 책, 61쪽.

괴로움을 하느님께 끊임없이 봉헌했다. "그녀는 뒤에 숨겨놓고 더한 고통에서 그녀를 구할 구실로서 자신의 고통을 사용하기를 거부했다."[48] 그리고 여태껏 그녀에게 맡겨진 가장 큰 고통은 당신 아드님의 바로 그 삶을 잃게 한 것이다. 예수께서 해골터에서 십자가에 못 박히실 때 마리아의 마음 역시 못 박혔다. 이것은 "당신의 영혼이 이 칼에 꿰찔리는 가운데 많은 사람의 마음속 생각이 드러날 것이다"[49]라고 한 시메온의 예언을 완성한 것이었다. "마리아는 예수님의 십자가 곁에 있었다."[50] 그녀는 거기에서 가장 영웅적인 태도로 당신의 아들 예수님의 극도에 달하는 십자가의 희생에 함께 참여하였다. 마리아는 예수께서 원수들에 대해 승리하시리라는 것이 십자가를 통해 이루어지리라는 것을 알았기 때문에 희생을 사랑하였다.

이 영웅주의, 이러한 순교를 마리아가 받아들인 것은 우리를 은총의 생활로 데려가기 위함이었다. "마리아는 고통을 겪으셨지만, 결코 슬픔으로 낙담하지 않으셨다. 그녀는 위로 안에서 기뻐하셨지만 당신을 드높이지 않으셨다. 그녀의 덕행은 완전하였다.[51]

---

48) Frank J. Melvin, *Op. cit.*, p.23.

49) 루카 2 : 35.

50) 루카 19 : 26.

51) James Alberione, *Op. cit.*, p.126.

■ 마리아를 모방함 ● ● ●

이러한 삶의 편안함과 즐거움에 앞서 바로 그녀 자신을 포기하여 고요히 십자가에 못 박히고 멸시받으며 오해받고 굴욕 당하며 조소거리가 되면서 모든 물질적인 소유에서 기꺼이 벗어나고자 하는 것은 하느님과의 긴밀한 일치를 위해 청산하는 보잘 것없는 작은 값으로 모든 고통과 슬픔을 인식하는 마리아의 고통과 희생의 특징들이다.

참으로 우리가 모든 덕행의 모후이신 마리아를 따르고자 한다면, 희생은 이탈을 요구하는 까닭에 우리는 현세적이고 속세의 사라져가고 있는 여하한 모든 것에서 벗어나는 것을 배워야 한다. 이것은 우리가 하늘나라를 위해 무엇인가를 기꺼이 하는 마음을 가져야 함을 뜻한다. "필요한 것에 만족하고 여분의 것들은 모두 다 제거하는 것"이다.[52] 또한 이것은 때때로 "궁핍하게 되어 필요한 것까지도 없게 되는 것, 한마디로 가난과 궁핍 중에 예수님과 그분 모친과 더욱 긴밀하게 되어 그분들의 가난에 일치하게 됨을 기뻐하는 것"[53]을 의미한다.

그러므로 예수께서는 당신을 따르고 싶어하는 사람들에게 요구하시는 첫째 행위는 자기 부정과 재산 포기다. "가난한 이들의

---

52) 위의 책.
53) 같은 책.

영혼들은 하느님이 잊지 않으시는" 마음으로 가난한 것이다.[54]

그러기에 모든 참된 사도들은 예수님과 어머니와 함께 고통 중에서 그들과 하나가 된다. 우리가 우리 자신을 주님과 성모님께 봉헌하면 우리는 엄청난 고통과 괴로움을 알고 계시는 그분들께 우리 자신을 드리는 것이다. 그들은 우리가 모든 시련과 고통, 슬픔과 비통함을 감내하는 것을 도와준다. 현재의 고통은 다가올 천국 영광에 비하면 아무것도 아니다.

■ 희생의 도전 ● ● ●

인간의 타락은 우리가 당면해야하고 거기서 피할 방법이라고는 아무것도 없는 우리가 사는 이 세상에, 고통스런 시련과 심각한 악을 끌어들였다. 날마다 우리는 십자가를 지고 가야만 한다. 우리는 인간 본성의 나약함과 세속 및 악마와 대항하여 싸워야 한다. 우리는 육신적이고 정신적인 모든 고통을 견뎌내야만 한다. 우리는 두려움, 무지, 슬픔, 불확실성과 맞서 싸워야 한다. 우리는 하느님이 우리에게 헤아릴 수 없는 은혜와 축복을 주셨음을 믿고 있지만, 만일 세상을 휩쓰는 악의 매력을 부서뜨리고자 한다면 절제하고 절제하며 스스로를 조절해야 한다.

희생은 가난과 겸손에 밀접히 연관되어 있다. 희생은 하늘의

---

54) 시편 13 : 19.

선(goods)을 추구할 때 세속이 제공하는 여하한 모든 것으로부터 이탈하게끔 한다. 그것은 "가장 작은 위로와 겸손이 되는 것을 우선적으로 택하고 원치 않는 것을 관대하게 포기로 수락하며 심지어 필요한 것을"[55] 인내하는 것을 포함한다. 희생은 곤경을 끌어안고 우리를 구원해주시기 위하여 모든 것을 희생하신 그분을 따르기 위해 자기 자신을 부정하는 것을 뜻한다.

그렇다. 우리가 예수님의 길을 따라 여행한다면 고독해질 수 있다. 그 길은 좁은 길이고 사람이 적게 여행하는 길이다. 그렇지만 희생으로 개과할 때 우리의 고통과 괴로움은 전 세계에서 큰 차별성을 만들어낼 수 있다. 우리가 오로지 희생으로 가려진 신비를 발견하면 인생의 전투에서 승리를 거둘 수 있다.

한번은 그리스도께서 삼위일체의 마리아 수녀(St. Mary of the Trinity)에게 충분히 희생하는 영혼들, 즉 인류의 죄에 대한 배상으로 사랑의 희생자가 되기 위해 그리스도의 길을 기꺼이 따르고자 하는 영혼들이 있다면 세상은 구원될 수 있다고 말씀해주셨다.[56]

■ 속 죄 ● ● ●

인류는 하느님의 영광을 계속 어기는 도둑으로 바뀌었다. 그

---

55) Bernard Fennelly, *Op. cit.*, p.29.
56) *Word of Love*, Tan Books Publishing Corp., 1988, p.363.

러나 모든 빚은 갚아야만 한다. 그것도 곧바로.

갈라진 영혼들을 보상하기 위하여 예수 그리스도께서는 당신 자신을 봉헌하셨다. 예수께서는 인류의 죄를 위한 희생과 보상으로 당신 자신을 희생양, 사랑의 번제물로 아버지께 바치셨다.

속죄는 회복과 배상(reparation)을 요한다. 우리의 의지가 하느님의 뜻에서 떠나게 되면 절도죄를 범하는 것이므로 모든 절도는 잃어버린 것에 대한 복구를 요한다. 이 절도는 최상 존재(Supreme Being)이신 하느님께 대한 도난이다. 그분은 당신의 피조물들이 범한 횡령(misappropriation)으로 깊이 상처 받으셨다. 그분은 어떤 형태의 복구를 요구하신다. 그래서 그리스도께서는 당신을 따르는 이들에게 이와 같이 하기를 권하시며 당신 자신을 봉헌물과 사랑으로 가득한 성체로 바치셨다. 그리스도께서는 모든 사람들에게 오직 하늘에 계신 아버지의 기쁨만을 그들의 사랑과 봉헌물로 찾으면서 거룩함으로 초대하신다.

마리아 말가리다 알라코크(Mary Margaret Alacoque)를 통해, 우리 주님께서는 온 세상 사람들이 성찬례를 자기 생활의 중심으로 삼을 때까지는 어두움의 세력으로 인해 해방을 바라보지 못하리라는 것을 계시하셨다.

바로 다른 역사의 순간에서처럼 인류 구원은 어떤 점까지 마리아의 피앗(Fiat)에 좌우되었으므로 인류의 복구는 그들의 거룩한 속죄 사명을 이행하는 이 희생 영혼들의 너그러운 수락에 달려 있다.

제7장 | 마리아의 겸손

성 토마스는 말하기를 "겸손은 모든 덕들의 기초다"라고 하였다. 겸손은 다른 덕행과 결합한다. 겸손이 열매를 맺으려 한다면 탄탄한 기초 위에 웅장하게 높이 세워진 고급스런 성(城)처럼 겸손은 마음속 깊이 뿌리를 내려야 한다.

하느님의 창조의 걸작품인 마리아는 겸손에서 **모든 인류보다** 훨씬 위에 위치한다. 루카복음에 의하면 가브리엘 대천사가 마리아에게 "은총이 가득하신 이여, 기뻐하소서"라고 인사하였다. 천사가 어떻게 마리아가 은총으로 가득한, 즉 덕행으로 주입되었다고 말할 수 있겠는가? 세례는 그때까지 제정되지도 않았고 인류에게는 아직 원죄가 있었다. 어떤 사람이 하느님 앞에서 그런 은혜를 얻어 입을 수 있단 말인가?

그녀와 일치될 숭고한 위엄과 직무로 말미암아 마리아가 잉태 순간에 모든 죄에서 자유로워지기 시작했음을 기억하는 것은 중요한 일이다. 그와 같이 그녀는 늘 자신의 거룩함과 영혼의 순결을 보존하면서 스스로를 모든 것에서 가장 낮은 자로 간주하였다. 이렇게 마리아는 천사에게 되풀이하길, "*저는 주님의 종입니다*"라고 말하였다. 히브리서에서 "주님의 종" 아나빈(anawin)이라는 말은 "고통받는 종"을 의미한다. 그러므로 그녀의 응답은 깊고 참되며 진실한 마음의 겸손에 대해 말해준다.

이윽고 마리아는 엘리사벳에게서 다음과 같은 인사를 받았다. "당신은 여인들 가운데에서 가장 복되시며 태중의 아기도 복되십니다."[57] 이제 두 차례에 걸쳐 마리아가 높임을 받았지만 그녀는 훨씬 더 겸손했다.

내 영혼이 주님을 찬송하고, 내 마음이 나의 구원자 하느님 안에서 기뻐 뛰니, 그분께서 당신 종의 비천함을 굽어보셨기 때문입니다. 이제부터 과연 모든 세대가 나를 행복하다 하리니.[58]

이 노래에서 우리는 마리아의 겸손과 위대성에 대한 성서적이며 신학적인 기초를 엿볼 수 있다. 마리아는 하느님이 그녀의 생

---

57) 루카 1 : 42.
58) 루카 1 : 46-48.

애에 이룩해주신 신기한 일들을 알고 있었는데 그녀는 그것들을 겸손하게 인정하였다.

"전능하신 분께서 나에게 큰일을 하셨기 때문입니다. 그분의 이름은 거룩하신 분이십니다."[59]

■ 겸손은 진리와 정의 ● ● ●

우리는 진리를 알아야 한다. 진리는 피조물인 우리가 무로부터(ab nihilo) 존재한다는 것이다. 우리는 무에서 왔다. 우리는 무(nothing)다. 우리는 무로 좋다. 우리 안에 있는 모든 좋은 것들은 하느님으로부터 왔다.

이러한 진리에 관한 인식은 우리를 정의로 인도한다. 우리는 아무것도 아니고 아무런 가치도 없으므로 모든 좋은 것들이 하느님으로부터 나온 이상 우리는 모든 영광과 영예와 찬양, 예배가 마땅히 하느님의 것임을 알 것이다.

이것이 영적 전쟁에서 승리하는 비결이다. 만일 우리의 무(無)에 대한 깨달음이 우리를 하느님의 위대하심을 발견하도록 이끈다면 우리가 무례하고 교만하든가 자만할 이유를 가지지 못할 것이다. 무(無)가 되고 아무것에도 선하지 않고 아무런 값어치도

---

59) 루카 1 : 49.

없다는 것은 우리가 온갖 종류의 비하와 비방, 중상, 박해를 받을 준비가 된다. 만일 우리가 인정받거나 무시당하거나 거절당하거나 잊어버린다 할지라도 개의치 않을 것이다. 하느님만이 찬미 받으시고 기억될 만한 가치가 있으시다.

만일 우리가 겸손하다면 영적 싸움에 패할 수가 없다. 우리가 겸손하면 더욱더 하느님이 우리와 함께 계실 것이다. "하느님께서 우리 편이신데 누가 우리를 대적하겠습니까?"[60] 옛 시대에 여인들은 매우 적은 특권을 누리는, 좀더 약한 성(性)으로 여겨졌다. 그래서 남성은 지도자들과 스승들과 주인들로 간주되었다. 여기서 우리는 하느님의 무한한 지혜를 바라보게 된다. 시작부터 그분은 사탄의 패배가 한 여인을 통해 이루어짐으로써 사탄은 더욱더 굴욕 당하며 자신이 모든 이들의 종으로 여기는 사람한테 정복되기를 원하셨다.

"여자의 후손은 너의 머리에 상처를 입힐 것이다."[61] 그녀가 겸손을 통해 "은총으로 가득하다"[62]고 호칭된 것은 참으로 "하느님께서 자신을 낮추는 이를 높여주시기"[63] 때문이다. "하느님께서는 겸손한 이들에게 은총을 베푸신다."[64] "그러나 교만한

---

60) 로마 8 : 31.
61) 창세 3 : 15.
62) 루카 1 : 28.
63) 루카 14 : 11.
64) 야고 4 : 6.

자들은 흩으셨다."65)

　마리아는 우리에게 주님의 참 용사가 되는 방법, 곧 사랑과 거
룩함과 겸손함의 길을 우리에게 보여주셨다. 우리에게 요구되는
모든 것은 그분을 따르는 것이다. 참으로 겸손한 사람의 표는 겸
손을 배우기로 마음을 쓰는 사람이다.

---

65) 루카 1 : 51 참조.

제8장 | 마리아의 애덕

애덕은 우리가 하느님을 다른 모든 이들 앞에 최고선으로 받아들이는 것을 선호하고 우리가 하느님의 뜻을 행하며 그분과 하나가 되는 신적인 주입 덕이다. 애덕은 우리가 하느님을 위해 하느님과 우리 자신 및 우리 이웃을 사랑하는 경향을 갖는 덕행이다.

예수께서 "스승님, 율법에서 가장 큰 계명은 무엇입니까?" 하고 질문을 받으셨을 때 다음과 같이 대답하셨다. "네 마음을 다하고 네 목숨을 다하고 네 정신을 다하여 주 너의 하느님을 사랑해야 한다. 이것이 가장 크고 첫째가는 계명이다. 둘째도 이와 같다. 네 이웃을 너 자신처럼 사랑해야 한다. 온 율법과 예언서의 정신이 이 두 계명에 달려 있다."66)

자기가 그리스도를 사랑하고 있다는 것을 표명하는 사람은 누구나 실제 증언을 통해 이러한 계명을 완수하고 있다. 그런데 성모님은 이것에 대해 가장 훌륭한 모범이시다. "마리아는 대단히 부지런하게 예수 그리스도께서 하시는 모든 말씀들을 귀담아 들으셨다. 마리아는 아드님의 모든 행위와 감정들에 마음을 썼다. 아드님께서 그러한 것들을 명상함으로써 모든 것에서 그분과 일치한다."67) 그녀는 이 모든 일을 마음속에 간직하고 곰곰이 되새겼다.68) 마리아는 성자의 입술에서 흘러나오는 모든 말씀에 대해 감사드렸다. 다른 어떤 성인들도 그녀처럼 이런 말씀들에 대해 감사드리지는 못했다. "형제들이여, 당신은 이런 것들에 대해 행하는 것이면 어떤 것이든 나에게 행하시오." 그녀의 가장 부족한 형제들에게 마리아는 돈을 희사할 수 있으면 자유롭게 바쳤으며 자신의 제한된 시간과 봉사와 권고를 아까워하지 않았다.69)

■ 마리아의 사랑의 생활 ● ● ●

동정 마리아는 아무런 죄도 없고 피조물과 세속과 자신에 대한 애착도 없었다.70)

---

66) 마태 22 : 37-40.
67) James Alberione, *Op. cit.*, p.91.
68) 루카 2 : 19.
69) Frank J. Melvin, *Op. cit.*, p.17.

순수하고 정결한 마음을 지닌 마리아의 사랑은 사랑하는 사람을 소유하려는 저속한 욕구인 애욕적인 사랑이 아니었다. 오히려 마리아의 사랑은 답례로 아무것도 받지 않고 내어주는 사랑인 아가페 사랑이었다.

아가페 사랑의 본질은 주는 것이다. 그것은 모든 것을 다 내어줌으로써 마침내 줄 것이라고는 아무것도 없다. 그것은 보답으로 심지어 아무것도 받지 않고 주는 것이다. 그것은 사랑하는 하느님을 위해서 주는 것이다. 아가페 사랑은 다음과 같이 말하는 방식의 조건적인 증여가 아닌 것이다. "나는 ~ 때문에 당신을 사랑합니다." "나는 ~라면 당신을 사랑합니다." "나는 ~하는 한 당신을 사랑합니다." "나는 이러한 이유로 인해 당신을 사랑합니다 …." 이와는 반대로 아가페 사랑의 본질은 우리 주 예수 그리스도를 닮아 어떠한 조건도 없이 주는 것이다.

약속된 구원자에 대한 복되신 동정 마리아의 성서에 대한 지식은 주님의 오심을 서두르기 위해 그녀로 하여금 항시 무릎을 꿇도록 촉구하였다. 그녀는 특별히 모든 여인들 중에서 특별히 간택될 것이라는 것을 모르고 있었다. 사랑이신 하느님은 그녀의 동의로 참으로 오셨다. 그녀는 *첫 번째 감실*이었고 *그녀를 통해 성체*는 유효할 수 있었다.

---

70) 위의 책, 19쪽.

■ 애 덕 ● ● ●

본질적으로 "애덕은 씨가 깨끗한 물로 적셔질 때 성장해서 맛좋은 열매를 내는 씨앗이다. 애덕이 없는 순결은 결실이 없고, 애덕이 메마른 물은 영혼을 자만의 악취가 솟아나는 물이 괴인 늪인 궁지에 빠뜨린다."[71]

성 아우구스티노는 말하기를 우리가 매우 혹독하게 임하는 투쟁들 중에는 정결의 싸움이 있다. 이 싸움은 매일 발생하는데 승리는 드물다.

교부들의 말에 의하면 정결을 보존하는 데에는 세 가지 방법이 있다.

(1) 단 식
(2) 위험으로부터 도피
(3) 기 도

단식에 대하여

단식하는 것은 전쟁을 벌이는 것이다! 그리스도를 위해 우리

---

71) Josemaria Escriva, *The Way* (Manila, Sinag-Tala Publishers, Inc., 1965), p.24.

는 우리 육신에 특별히 욕망을 채우고 싶어하는 육신의 요구에 전쟁을 선포해야 한다. 단식은 때와 장소와 방법을 정한다![72] 단식은 감각의 극기다. 마리아는 우리의 모델이시고 모든 것에서 스스로 극기하셨다.[73]

위험에서 달아남

우리는 또한 위험의 기회를 피해 달아나야 한다. "함정을 의식하는 사람은 안전할 것이다."[74] 성 필립보 네리(St. Philip Neri)는 "육의 전쟁에서 기회를 피해 달아나는 사람은 승리를 거둘 것이다"[75]라고 말하였다.

기도에 대해서

나는 하느님 안에서를 제외하고는 다르게 싸울 수 없음을 알기 때문에 … 주님께 가서 하느님을 추구했다.[76]

기도는 하느님 아버지나 성자와 성령 혹은 성모님 그리고 중

72) Fr. Kenneth Roberts, *Up on the Mountains* (Mass : Paraclete Press, 1922), p.134.
73) James Alberione, *Op. cit.*, p.141.
74) 위의 책.
75) 지혜 8 : 21.
76) Fr. Kenneth Roberts, *Op. cit.*, p.112.

개, 청원, 고백의 형식에 들어오는 성인들과 함께 나누는 정성어린 대화다.[77] 우리가 자기 자신을 위해서나 다른 이를 위해 열심과 동정과 인내로 하느님의 보조대로 움직이고 그분의 완만함을 사랑하며 우리 스스로 관대하게 복종하고 하느님의 현존을 기다리기 위해 기도를 하는 것은 좋은 일이다.

마리아의 편에서 성모님은 우리와 함께 그리고 우리를 위해 기도하신다. 그녀는 끊임없이 우리를 위해 중개하신다.

"우리의 많은 시간은 하느님을 위해서가 아니라 이웃을 위해 쓰인다. 이 시간을 하느님께 단순하고 유일하며 특별하게 봉헌한다면 우리는 이웃을 사랑하는 계명을 완수할 것이다."

그렇다면 우리는 하느님과 이웃을 기쁘게 하는 일을 우리의 임무로 삼을 수 있다. 그런데 우리의 이웃은 우리에게 좋고 우리에게 유용하다. 우리는 이웃의 벗이다. 우리가 아무런 원한도 품지 않을 때, 우리는 우리의 시간으로 이웃에게 빚을 갚는 것이다.

한 의사의 시간은 중요하고 가치가 있다. 우리가 아플 때는 의사의 시간에 대해 소중하게 그 대금을 치른다. 변호사의 시간은 특히 그가 뛰어난 공판 기록을 갖고 있다면 상당한 가격으로 우리의 것이 된다. 그러나 마리아처럼 가난한 사람의 시간은 우리

---

77) 위의 책.

가 거의 중시하지 않는다. 많은 이들에게 본질적이 되는 것은 물질적인 세상이고 그 세계가 주는 것이다. 무의식적으로 우리는 주변 세계의 영향을 받는 것은 물론, 거기에 감염되고 있다.[78]

■ 형제적 사랑 ● ● ●

나지안조의 성 그레고리오(St. Gregory Mazianzen)는 우리가 이웃에게 애덕을 보인 만큼 더 이상 마리아의 사랑을 얻는 효과적인 방법은 있을 수 없다고 말한다.[79] 우리는 슬픔이 가득한 이들의 짐을 덜어주고 쓰디쓴 마음을 누그러뜨리며 우울한 마음을 비추어주고 절망하는 영혼에게 희망을 불어넣어야 한다.[80] 우리는 영혼이 아프지만 주어야 한다. 자로 재지 말고 값을 따지지 말며 베풀어야 한다. 우리는 하느님과 영혼들의 뜻에 따라야 한다. 때때로 우리 자신들이 줄 수 없다는 것을 보게 될 때, 예수께서는 우리 안에서 불가능한 것을 행하시기 위해 우리의 포기를 요구하신다. 개방 상태는 영혼이 가지는 전부다. 우리는 끊임없이 하느님의 사랑을 위해 그리고 하느님만을 위해 봉헌한다는 생각을 해야 한다. 그리고 그분께서 청하시는 것에만 제한을 두지 말고 그분께서 우리 안에서 모든 것을 하시도록 해드려야 한다. 우리가 원치 않을지라도 그분께서는 **모든 것을 취하시면**

78) Frank J. Melvin, *Op. cit.*, p.48.
79) Fr. Kenneth Roberts, *Op. cit.*, p.12.
80) Frank J. Melvin, *Op. cit.*, p.48.

서 종종 우리가 그분과 떨어지는 경향이 있는 그런 것들을 택하신다.

우리는 모든 죄에서 해방될 것을 원하면서 우리 주위에 있는 사람들에 대해 거룩한 순결과 사랑의 은총을 하느님께 청해야 한다.

"솔로몬은 지혜가 있었음에도 죄를 지었고, 다윗은 거룩함에도 불구하고 죄를 지었다. 삼손은 힘이 세었음에도 범죄하였다. 우리의 이웃은 솔로몬의 지혜도, 다윗의 거룩함도 없으며, 삼손과 같은 힘도 없다. 이웃이 역시 슬프게 죄를 짓는다면 우리가 놀라워해서는 안 된다. 우리의 소임은 심판관의 직무가 아니다. 아마도 우리의 격려에 그는 일어날 힘과 용기를 지니게 될 것이다."[81] 하느님께서는 우리에게 모든 이들을 사랑하라고 요구하신다. "우리 이웃의 사소한 죄나 큰 죄까지라도 우리가 이웃을 향해 애덕 실천을 못하게 하는 구실로 작용할 수는 전혀 없다."[82] 우리는 늘 인내하고 온유하며 용서해야 한다. "참으로 온유한 사람은 자신의 분노를 삼갈 뿐만 아니라 그것을 끊어버려야 한다."[83] 무조건적인 사랑의 이름으로 우리는 하느님의 사랑 때문에 다른 이들을 기쁘게 하려고 힘써야 한다. "사랑은 참고 기다리며 친절하다. 사랑은 교만하지 않고 무례하지 않으며 자기의 이익을 추

---

81) 위의 책, 17쪽.
82) 위의 책, 18-19쪽.
83) Alberione, *Op. cit.*, p.127.

구하지 않고 성을 내지 않으며 앙심을 품지 않는다."[84] 만일 우리가 요구받은 모든 일을 다했는데도 다른 이들이 아직까지 만족하지 않는다면, 우리는 사랑과 평화, 고요와 겸손한 포기 중에 머물러야 한다.

무한하신 하느님께서는 마리아에게 부여하신 모든 위대함의 창조자이시다.[85] 성 아우구스티노는 애덕이 두 팔을 가지고 있다고 말한다. 한 팔로는 하느님을 끌어안고, 다른 팔로서는 이웃을 품어 안는다.[86] 마리아의 사랑은 끊임없이 지속되었다. 그녀의 위대한 희생은 그녀의 사랑의 힘을 가리켰다. 축복의 비결은 하느님께 늘 행복하고 관대하며 무조건적인 예(YES), 곧 자기 소멸인 예로 말씀드릴 수 있다는 것이다.

---

84) 1코린 13 : 4-5.

85) Melvin, *Op. cit.*, p.17.

86) 위의 책.

제9장 우리 연맹의 힘 : 두 성심과 배상의 친교

우리의 첫 조상들의 죄로 말미암아 우리는 자유롭다 할지라도 악마는 어느 정도 우리를 장악해왔다.

주님께서는 우리에게 말씀하시기를 인류사는 시작부터 끝까지 인간과 마귀의 연속적인 투쟁이라고 하셨다. 우리는 투쟁 중에 있는 자신들을 바라볼 때, 선하고 거룩한 일을 하기 위해서 끊임없이 싸우지 않으면 안 된다. 우리가 완전함을 얻는 데 성공하는 것은 우리의 노력과 하느님의 은총에 의해서다.[87]

---

87) 「현대 세계의 사목 헌장」, 37과 2.

■ 하느님의 부르심 ● ● ●

하느님께서 우리 모두를 반복해서 부르시는 것은 당신 사랑의 생명을 함께 나누기 위함이다. 우리의 소명은 그분의 사랑의 삶을 살라는 하느님의 부르심에 응답하는 것이다.

에제키엘 예언서 36장 24-28절에서 하느님은 우리와 사랑의 계약을 제정하시려는 당신의 소망을 우리로 하여금 알게 해주셨다.

"나는 너희를 민족들에게서 데려오고 모든 나라에서 모아다가 너희 땅으로 데리고 들어가겠다. 그리고 너희에게 정결한 물을 뿌려 너희를 정결하게 하겠다. 너희의 모든 부정과 모든 우상에게서 너희를 정결하게 하겠다. 너희에게 새 마음을 주고 너희 안에 새 영을 넣어주겠다. 너희 몸에서 돌로 된 마음을 치우고, 살로 된 마음을 넣어주겠다. 나는 또 너희 안에 내 영을 넣어주어, 너희가 나의 규정들을 따르고 나의 법규들을 준수하여 지키게 하겠다. 그리하여 너희는 내가 너희 조상들에게 준 땅에서 살게 될 것이다. 너희는 나의 백성이 되고 나는 너희의 하느님이 될 것이다."

이 구절에서 하느님께서는 당신과 같이 우리의 마음을 만드시기 위해 우리와 사랑의 계약을 맺고 싶어하시는 당신의 원의를 분명하게 보여주신다. 이는 우리의 마음이 하느님의 마음과 긴밀하게 일치하는 이상적인 동맹(alliance)이다.

예레미아는 하느님이 또다시 제정하시고 싶어하시는 계약이 에제키엘 예언서와 흡사하다는 것을 드러냈다. 유일한 차이는 예레미아 예언서의 말씀들은 하느님과 이스라엘 간에 새로운 계약이 제정될 또 다른 시기였다는 것이다.

"보라 그 날이 온다." 주님의 말씀이다. "그때 나는 이스라엘 집안과 유다 집안과 새 계약을 맺겠다. 그것은 내가 그 조상들의 손을 잡고 이집트 땅에서 이끌고 나올 때 그들과 맺었던 계약과는 다르다. 그들은 내가 저희 남편인데도 내 계약을 깨뜨렸다. 주님의 말씀이다. 나는 그들의 가슴에 내 법을 넣어주고 그들의 마음에 그 법을 새겨주겠다. 그리하여 나는 그들의 하느님이 되고 그들은 나의 백성이 될 것이다."[88]

■ 신약성서 안에서 새 계약 ● ● ●

우정이 하느님과 이스라엘 백성들 사이에 있는 옛 계약과는 달리, 루카는 새 계약 혹은 하느님과 마리아 사이의 협력(alliance)에 대해 말해준다.[89] 마리아의 소명은 구세주의 구원 업적과 가능

---

88) 예레 31 : 31-33.
89) 루카 1 : 26.

한 한 밀접히 연합되는 것이다. 이것이 마리아의 소명이다. 그녀가 그러한 소명을 수락함으로 전적인 자아 선물(self-gift)인 마리아의 동정의 응답은 인간으로서 그녀의 전적인 자아(selfhood)인 가장 깊은 존재의 계시이기도 하다 — "아무것도 취소하지 않고 모든 것을 다 넘겨드렸다."90)

"여섯째 달에 하느님께서는 가브리엘 천사를 갈릴레아 지방 나사렛이라는 고을로 보내시어, 다윗 집안의 요셉이라는 사람과 약혼한 처녀를 찾아가게 하셨다. 그 처녀 이름은 마리아였다. 천사가 마리아의 집으로 들어가 말하였다. '은총이 가득하신 이여, 기뻐하여라. 주님께서 너와 함께 계시다.' 이 말에 마리아는 몹시 놀랐다. 그리고 이 인사말이 무슨 뜻인가 하고 곰곰이 생각하였다. 천사가 다시 마리아에게 말하였다. '두려워하지 마라, 마리아야. 너는 하느님의 총애를 받았다. 보라, 이제 네가 잉태하여 아들을 낳을 터이니 그 이름을 예수라 하여라. 그분께서는 큰 인물이 되시고 지극히 높으신 분의 아드님이라 불리실 것이다. 주 하느님께서 그분의 조상 다윗의 왕좌를 그분께 주시어, 그분께서 야곱 집안을 영원히 다스리시리니 그분의 나라는 끝이 없을 것이다.'"

"'저는 남자를 알지 못하는데 어떻게 그런 일이 있을 수 있겠습니까?' 마리아는 천사에게 말하였다."

90) Candido Poso. J. S, *The Way of the Heart* (Manila : Bahay Maria Assisi Development Foundation, 1988), p.37.

"천사가 마리아에게 대답하였다. '성령께서 너에게 내려오시고 지극히 높으신 분의 힘이 너를 덮을 것이다. 그러므로 태어날 아기는 거룩하신 분, 하느님의 아드님이라고 불릴 것이다. 네 친척 엘리사벳을 보아라. 그 늙은 나이에도 아들을 잉태하였다. 아이를 못 낳는 여자라고 불리던 그가 임신한 지 여섯 달이 되었다. 하느님께서는 불가능한 일이 없다.'"

"마리아가 말하였다. '저는 주님의 종입니다. 말씀하신 대로 저에게 이루어지기를 바랍니다.' 그러자 천사는 마리아에게서 떠나갔다."[91]

이러한 만남에서 육화의 신비가 시작되었다. 하느님은 사람이 되시어 인류를 구원하시기 위하여 인간의 응답을 필요로 하셨다. 마리아와 하느님 사이의 동맹(alliance)의 본질은 하느님의 뜻에 대한 마리아의 완전한 순종이었다. 이와 흡사하게 봉헌을 통해 우리는 절대적으로 영속적이며 조건 없이 하느님의 뜻에 전적으로 복종한다. 그런데 우리에게 하느님의 뜻은 그분의 사랑의 생활을 살아가는 것이다. 그때 우리는 자유로이 하느님께 우리 자신을 위탁하여 하느님의 모든 방법을 신뢰하는 데 맘먹지 않을 수 없다.

어머니 마리아의 계약은 모든 백성들의 계약을 대표한다. 우

---

91) 루카 1 : 26-28.

리는 모두 다 복되신 어머니의 응답을 본받도록 불림 받았다. 우리는 모두 다 하느님의 생명을 나누어 받기로 예정되어 있다. 마리아와 같이 우리는 늘 하느님의 "방식(mode)" 안에 있어야 하는데, 그렇게 함으로써 우리는 늘 그분의 현존 안에서 살아가며 우리 안에 그 현존을 보존할 수 있게 된다.

악마의 속임수

마귀는 거짓말의 아비다.[92] 그 존재는 우리를 유혹하고 올바르고 선하며 아름다운 것을 모조리 무너뜨린다. 그것은 우리에게 10%를 더럽히면서 90%의 진리를 현존시킬 수가 있다. 결국은 많은 사람을 속여 인생에서 진, 선, 미와 같은 것들이 전혀 없다는 것을 믿도록 한다.

마귀의 이 같은 영향은 점차 우리의 의식을 둔하고 힘들게 만든다. 우리는 너무나 해이해지고 의심을 초래하여 때로는 죄를 죄로 보지 못하는 귀머거리가 되어 양심이 굳어져 간다. 많은 이들이 자기들의 죄 의식을 잃어왔기에 결국 하느님에 대한 의식(SENSE OF GOD)을 상실하고 있다. 윤리성이 타협되고 있다. 가치관은 신속하게 전락되고 있으며 규칙은 더 이상 지켜지지 않고 우리는 우리 자신들을 마치 스승처럼 알고 있다.

---

92) 요한 8 : 44.

하느님께 대한 직접적인 모욕

우리가 하느님 사랑의 생명을 살아가는 초대에 응답하지 못할 때는 우리 자신들 안에서 하느님의 거룩함에 맞서 대항하는 것이다. 세례 안에서 우리는 성화 은총을 통해 우리에게 거룩함을 주시는 하느님의 거룩함의 영향을 받았다. 우리가 죄의식을 상실할 때, 우리는 이 신적인 모상을 훼손시킨다.

우리의 영혼은 하느님의 것이다. 우리의 몸은 성령의 성전이다. 우리는 예수 그리스도의 신비체다. 우리가 죄를 지으면 그분의 몸을 더럽히고 우리에게 입혀주신 그분의 거룩함과 정의의 옷을 더럽히는 것이다. 우리는 마귀들이 교회에 만연하도록 방치하고 있다.

하느님 사랑의 생명을 함께 나눌 초대에 공격이나 모욕은 하느님 뜻의 남용이고 하느님 업적의 격하(degradation)며 그분의 본성과 신적 존재(divine Being)에 대한 반박(contradiction)이다.

■ 봉헌 : 사랑의 계약에 들어감 ● ● ●

사탄의 목적은 우리를 주님으로부터 꾀어내는 것이며 하느님 사랑의 삶을 살라는 초대의 응답을 우리에게 중단시키고 우리를 속여 악하고 심술궂은 이들의 길을 따르도록 하는 것이다.

우리가 어떻게 그자의 음모를 피하고 우리의 영적 투쟁에서 승리를 거둘 수 있을까?

우리는 봉헌을 통해 이루어진 예수님과 마리아의 두 성심의 결연(Alliance)에 들어감으로써 이것을 이룩할 수 있다. 봉헌은 라틴어 *Cum sacrare*에서 나온 것으로 그 의미는 *거룩하게 하다* (*make holy*), *성화시키다*(*sanctify*) 혹은 *신격화하다*(*deify*)라는 뜻이다. 우리 봉헌의 중요 특징은 특별히 우리의 최고 기능 (faculty)인 우리의 의지, 우리의 전 존재를 절대적이고 영원하며 전적이고 무조건적인 방법으로 하느님께 내어드리는 포기 (surrender)다. 그것은 또한 예수님이 임금이 되시고 마리아를 우리 생애의 여왕이 되시도록 해드리는 것을 말한다.

일치(혹은 결연, Alliance)는 이해하는 데 그리 어렵지 않다. 이 말은 단순히 하느님 사랑의 초대를 받아들인다는 의미다. *마음(heart)은 늘 사랑의 상징과 자리가 되어왔다.* 예수 성심과 마리아의 티없이 깨끗하신 성심의 일치는 근본적으로 사랑의 결연이다. 마리아는 "피앗"으로 완전하게 사랑의 일치에 첫 번째로 들어갔다. 마리아가 하느님께 "예"라고 응답해드렸을 때, 그녀는 아들 예수가 수난 받고 죽는 순간까지도 자신이 드린 약속을 결코 취소하지 않았다. "예"라고 하는 마리아의 대답은 하느님의 거룩한 뜻에 내맡기는 완전한 순종이었다.

■ 마음들의 결연 ● ● ●

세상에서 가장 강력한 결연은 사탄과 그의 부하들의 동맹이다. 그것은 무신론자들, 배교자들, 폭력, 부(富), 권세, 명성, 허위, 욕정의 애호자들 사이의 일치인 것이다. 이 광대한 결연은 오늘날 인류의 큰 영역을 에워싸고 있다.

우리는 이제 마귀와의 인간적 결연을 중단하고 예수님과 마리아와 결합하라는 요청을 받고 있다.

불행하게도 소수의 사람들만이 하느님이나 어머니 마리아께서 이제까지 무신론과 세속적인 것, 신성 모독, 욕정의 세력을 깨뜨릴 수 있었다는 것을 믿고 있을 뿐이다. 예컨대 무신론자가 하느님이 계신다는 것을 믿지 않으면, 어떻게 하느님께 돌아갈 수 있단 말인가? 그리스도인 자신들이 마리아를 신뢰하지 못한다면, 이교도들이나 배교자들이 마리아가 뱀의 머리를 부서뜨리는 임무를 하느님께로부터 받았다는 것을 어떻게 믿을 수 있겠는가? 창녀들과 간부들(姦夫)들(adulterers), 간음자들(fornicators), 동성애자들, 동성애에 빠진 여자들이 자신들의 몸을 그토록 오랫동안 부도덕함의 노예로 삼아왔다면, 어떻게 순결하고 정결해질 수 있겠는가?

분명 원수의 터전에 있는 사람은 쉽사리 승리를 거두고 떠날 수 없다.

때때로 우리는 하느님과 일치하는 데에 어렵다는 것을 발견하는데, 그것은 창조물과 존재들에 대한 강력하고 우세한 애착 때문이다. 사랑의 거짓 개념을 받아들이는 우리들 가운데에는 비록 사람들이 이 세상 사물에 애착하고 있을지라도, 하느님은 당신의 자비로우심으로 그들을 징벌하지 않으신다고 믿고 있는 자들이 있다. 아울러 사후의 삶인 천국, 지옥, 연옥이 있다는 것을 불신하는 자들이 있다. 거기에는 우리로 하여금 종말론적 실재를 부정하게끔 하는 사탄의 미끼가 가로놓여 있다.

그러나 우리 영혼의 상태가 어떠하든지 간에 예수님과 마리아께 우리 자신들을 봉헌하면 우리는 강해질 것이고 하느님의 사랑을 하는 데 힘들 것이라곤 아무것도 없을 것이다.

내적 변화

모(某) 씨는 과거에 몹시 물질적이고 쾌락주의적인 삶을 영위한 33급 프리메이슨단의 주식 거래 시장의 회장이었다. 그는 기도 모임에 참석한 사람들이 자신들을 예수 마리아의 성심께 봉헌하였기 때문에, 전에는 한 번도 참석해보지 못한 기도 모임에 들도록 뜻밖의 안내를 받게 되었다. 그날 밤 그의 마음은 그를 잠자리에서 뒤척이게끔 했다. 그는 비밀공제조합원으로서 자신이 범한 죄에 너무나도 심한 양심의 가책을 느꼈다. 그는 즉시 사제의 도움으로 고해성사를 받았다. 그는 직업 전선에서 물러나 그의 정부(情婦)들을 정리하고 하느님을 만나기 위해 6개월 동안의 피정에 들어갔다. 이제 그는 새로 난 사람이 되어 열심히 티없으신 마리아의 성심께 드리는 봉헌을 선포하고 있다.

봉헌 형식

봉헌의 양식은 여러 가지이지만 세계적으로 가장 잘 인정된 양식은 다음과 같다.

"지극히 사랑하올 예수 성심과 성모 성심이시여! 우리는 당신을 공경하나이다. 당신을 사랑하고 당신께 영예를 드리나이다. 우리는 당신께 영원히 우리 자신을 드리고 봉헌하나이다. 우리를 받아주시고 온전히 차지하소서. 우리를 깨끗하게 해주시고 빛을 주시며 거룩하게 하시어 우리가 성모 성심과 함께 예수님 당신을 사랑하고 예수 성심과 함께 마리아 당신을 사랑하게 하소서."

"마리아 안에 그리고 마리아 곁에 계시는 오 예수 성심이시여! 예수님 안에 그리고 예수님을 위해 계시는 오 마리아 성심이시여! 우리의 죄로 상처받으시고 갈바리아 산상에서 당신 어머니를 우리에게 주신 예수 성심이시여! 슬픔으로 상처받으시고 우리 구원을 위해 당신 성자의 고통을 함께 나누시는 마리아 성심이시여! 오 이 두 성심의 거룩한 일치시여!"

"저들을 함께 일치시키시는 사랑의 하느님은 찬미 받으소서! 당신께서 우리 마음과 모든 마음에 일치하심은 모든 마음들이 일치 안에서 이 두 성심 안에 계시는 거룩한 일치를 본받아 일치 안에 살도록 하기 위함이나이다."

"오 티없이 깨끗하신 통고의 마리아 성심이시여 승리하소서! 우리 마음 안에서, 우리 가정과 가족들 안에서, 아직도 당신을 모르는 사람들의 마음 안에서 그리고 온 세상의 모든 민족들 안에서 오 지극히 거룩하신 예수 성심이시여, 다스리소서! 온 인류의 마음 안에서 당신 두 성심의 최상 승리와 통치를 확립하심으로써 이 지상의 온 세계에서 '지극히 거룩하신 예수 성심과 티없으신 통고의 마리아 성심께서는 영원히 찬미 받으소서!' 하고 한목소리 외칠 수 있게 하소서!"

■ 배상의 일치(communion of reparation) ● ● ●

자기 자신을 예수님과 마리아께 봉헌하는 사람은 분명히 성찬례로 인도될 것이다. 성찬례적 삶은 **전적인 사랑**, 전적인 증여, 완전한 봉사 그리고 철저한 희생적 삶이다.

우리 안에 마귀의 장악력을 무너뜨리기 위해서는 *배상의 친교*를 살아가야 한다. 배상의 친교에는 네 가지 요소가 있다. 즉, 묵주기도, 고해성사, 영성체, 성시간 등이 바로 그것이다.

제2차 바티칸공의회에서 성체성사는 크리스천 예배의 최상적 표현이다. 모든 설교와 사도적 사업들은 성체성사 안에서 최고의 절정에 이르러야 한다. 이 말은 성체의 그리스도께 자리를 내어드리고 마귀와 그 활동들을 고발하는 것을 뜻한다.

묵주 기도

전대사를 많이 얻을 수 있는 묵주기도는 마귀의 공격을 물리치는 데 대단히 유력한 기도다. 몽폴의 성 루도비코(St. Louie de Monfort)는 말하기를, 묵주기도를 열심히 드리는 사람은 자신의 악한 생활을 완전히 청산하고 떠나든지 아니면 묵주기도를 그만두든지 한다고 했다. 왜냐하면 묵주기도가 신비들 안에서 해결될 때 예수 마리아의 삶을 우리가 보기 때문이다. 우리는 죄의 해악을 깨닫고 있다. 우리는 예수 마리아의 삶을 관상하기 때문에 그들의 삶이 거룩함의 삶이고 완전히 하느님께 속하는 생활이며 죄 없는 생활이었음을 알고 있다. 묵주기도로써 우리는 우리의 길을 덮치는 수많은 마귀의 위험에서 지켜지고 있다. 물론 성 비오 신부가 "묵주기도는 마귀의 채찍이 된다"고 하신 것은 전혀 이상할 게 없다.[93]

화해의 성사

죄라는 것은 우리 영혼 안에 마귀가 머문다는 표시다. 죄를 이겨내기 위해서 우리는 하느님께 대한 의식을 우리 안에 주입시켜야 한다.

성 요한 보스코는 자신의 기도실에서 모든 소년들을 어떻게 교육시키고 그들 안에 하느님에 대한 의식을 어떻게 주입할 수 있었는지에 관해 질문 받았다. 그는 모든 것을 화해의 성사로 돌렸다.

고백 또는 참회 성사는 우리를 하느님께로 더 가까이 인도한다. 이 성사는 우리 안에 있는 모든 악령들을 몰아낸다. 우리는 고백할 때 하느님께 드린 모든 잘못에 대해 용서를 청하고 우리의 삶을 개선하기로 결심한다.

고해는 겸손을 전제로 한다. 우리가 참으로 겸손하다면 사탄한테 정복될 수는 없다. 하느님의 은총이 우리와 함께 있기 때문이다. 고해 성사로써 우리는 아무것도 아니라는 것과 죄 많은 인간이라는 것은 물론이고 하느님 없이는 우리 스스로 아무것도 할 수 없음을 인정한다. 이 성사는 마귀와의 투쟁에서 성화 은총으로 우리를 튼튼히 하여 싸울 힘을 준다.

---

93) Louis de Montfort, *The Secret of the Rosary.*

우리가 세례 때 받은 새 생명이라 해서 그것이 유혹의 약함과 인간성의 나약함이나 죄의 성향을 폐기시키는 것은 아니다. 고해성사는 우리의 영적인 삶에 힘과 생기를 불어넣는다. 이 성사는 악마의 공격에 대적하여 우리를 우세하게 만든다.

고해성사에서 통회의 행위는 첫 자리를 차지한다. 통회란 다시는 죄를 짓지 않기로 결심하면서 지은 죄에 대한 영혼의 슬픔이고 그것을 혐오함이다.[94]

우리의 추락(failing)에 대한 이 같은 통회는 마귀에 대해 승리를 거두게 한다. 이 통회는 주님께서 우리 위에 당신 사랑의 자비와 연민(compassion)을 주시게 만드는 것이다.

오래된 이야기가 하나 있다. 하루는 마귀가 주님께 불만을 터뜨리기를, 어째서 사람들이 주님께 돌아오면 그때마다 주님께서는 그들을 받아주시고 용서해주시는데, 한 번밖에 죄를 짓지 않은 자신(악마)은 무엇 때문에 영원히 단죄 받게 되었는지를 따져 물었다. 주님께서 응답하시기를, 그것은 사람들이 자신들의 잘못을 받아들이고 통회로써 자신들이 용서받기를 청하는 겸손한 마음을 갖고 있기 때문이라고 하셨다. 하느님은 진정으로 회개하고 용서를 비는 영혼은 결코 물리칠 수 없다고 말씀하신다.

---

94) 트렌트 공의회(1551) : TS 76.

영성체

우리가 성찬례에서 예수님을 모실 때, 우리는 주님과 하나가 된다. 성 요한은 우리가 성체를 받아 모실 때는 언제든지 그리스도의 표상을 모실 뿐만 아니라 빵의 형상에서 그리스도 자신을 모시는 것이라고 단언했다.[95]

교황 성 비오 10세는 잦은 영성체에 대한 회칙에서 다음과 같이 말씀하셨다. "예수 그리스도의 원의와 모든 그리스도인들이 매일 거룩한 잔치에 나가야만 하는 교회의 원의는 주로 다음의 사실에 근거한다. 즉, 성사들을 통해 하느님과 일치하는 그리스도인들은 탐욕을 정복하여 매일 발생하는 사소한 과실들을 씻어낼 힘을 성사에서 이끌어내야 한다는 것과 인간 도덕성은 노출되는, 더 진지한 사건들의 기선을 제압해야 한다는 것이다."[96]

주님께서는 우리에게 이렇게 말씀하셨다. "내 살을 먹고 내 피를 마시는 사람은 내 안에 머무르고, 나도 그 사람 안에 머문다. 살아 계신 아버지께서 나를 보내셨고 내가 아버지로 말미암아 사는 것과 같이, 나를 먹는 사람도 나로 말미암아 살 것이다."[97] 그리스도께서 우리 안에 사시면, 우리는 마귀의 맹공격에 강해

---

95) 요한 6:51.

96) Pius X, *Communication of Children* (HelperLtd., 1964), p.25.

97) 요한 6:56-57.

질 것이다. 성체 성사 안에 계신 우리 주님은 우리의 강한 방비책 (defense)이시다. 예수께서 우리와 함께 계시는 한, 우리는 결코 패하지 않을 것이다. 그러기에 우리는 이제 마귀의 주된 전략이 무슨 이유로 우리를 그리스도께로부터 끌어내려 하는 것인지를 알고 있다. 우리는 매일 영하는 성체의 아름다운 실천을 사탄이 우리로 하여금 그만 두도록 강요하고 있음을 예기해야만 한다. 그러나 우리는 결코 상심하거나 포기해서는 안 된다. 우리는 그리스도께서 당신 자신을 우리에게 주시는 이 성체 성사의 선물을 계속해서 소중히 여겨야만 한다.

육체의 영양소가 우리에게 힘을 주는 것과 마찬가지로 성체성사는 우리의 애덕을 강화시키고 이 살아 있는 애덕은 모든 소죄를 깨끗이 없애준다. 우리에게 당신 자신을 주심으로써 그리스도는 우리의 사랑을 회복시켜주시고 피조물에 대한 무질서한 애착을 끊게 하신다.[98]

조 배

성체 성사 안에 참으로 진실하게 현존하시는 예수님을 날마다 조배하는 것은 우리가 그분과 갖는 일치를 계속 연장시켜주고 강하게 하는 데 도움을 준다. 밤낮으로 예수께서는 우리를 위한 당신의 무한한 사랑으로 말미암아 성체 안에 머무신다! "보라,

---

98v 트렌트 공의회, DS 1638.

내가 세상 끝 날까지 언제나 너희와 함께 있겠다."[99] 왜냐하면 "나는 영원한 사랑으로 너를 사랑했고 너에 대한 나의 사랑은 계속적이기 때문이다."[100]

우리가 성체(Sacred Host)를 뵙게 될 때는 하느님의 아드님이신 예수님을 뵙는 것이다. "참으로 내 아버지의 뜻은, 또 아들을 보고 믿는 사람은 누구나 영원한 생명을 얻는 것이다. 나는 마지막 날에 그들을 다시 살릴 것이다."[101]

우리가 성체 성사 안에서 살아 계신 하느님께 경배를 드릴 때마다 우리는 언제나 더욱더 하느님께 대한 애착심을 지니게 되고 악마에게서는 멀어지게 된다. 주님으로부터 우리를 꽤내어 딴 길로 끌어들이는 악마의 모든 속임수는 우리가 끊임없이 성체 안에 계신 예수께 경배를 드리면 우리에게 아무런 영향도 미치지 못하게 될 것이다. 특히 경배를 위해 현시되실 때 성체 안에 계신 예수님은 우리가 비록 깨닫지는 못할지라도 모든 이를 따뜻하게 해주고 비추어주는 태양과도 같으시다. 태양이 에너지의 중요 원천이라면, 성체 안에 계신 예수님은 우리 힘의 원천이시며 사탄의 많은 거짓과 계교들에 대적하는 우리 능력의 원천이시다. 성체 안의 주님을 경배한 후에는 우리가 성령으로부터 힘을 부여받는다. 우리는 우리 안에 원수의 계획을 꺾을 가장 강력

---

99) 마태 28 : 20.
100) 예레 1 : 33.
101) 요한 6 : 40.

한 힘을 지니게 될 것이다. 우리는 하느님의 사랑으로 충만하여 은총의 아름다움은 우리의 영혼을 가득 채워줄 것이다.

그러므로 보상의 친교는 다음의 네 가지 요소들로 이루어져 있다. 즉, 매일의 묵주기도, 정규적인 고해성사와 양심 성찰, 열심히 영성체 모시기, 우리 안에 하느님 현존이 보장된 성시간이다.

우리가 전적으로 하느님과 일치하여 마귀의 침입에서 떠나 있으면 우리 영혼 안에는 평화의 때가 시작된다.

제 3 부

성령과 성령의 힘찬 은사들

예수께서는 승천하시던 날, 우리에게 성령을 보내시기로 약속하셨다.

"보호자, 곧 아버지께서 내 이름으로 보내실 성령께서 너희에게 모든 것을 가르치시고 내가 너희에게 말한 모든 것을 기억하게 해주실 것이다."[1]

"성령께서 너희에게 내리시면 너희는 힘을 받아, 예루살렘과 온 유다와 사마리아 그리고 땅 끝에 이르기까지 나의 증인이 될 것이다"[2]

---

1) 요한 14 : 26.
2) 사도 1 : 8.

■ 성령께 기도 ● ● ●

우리는 매일의 투쟁에서 성령이 얼마나 중요한지 깨닫게 되면 더한 열정과 신뢰심을 지니고 늘 성령께 청할 것이다.

"오소서, 성령님, 저희 마음을 성령으로 가득 채우시어
저희 안에 당신 사랑의 불이 타오르게 하소서.
주님의 성령을 보내소서. 저희가 새로워지리다.
또한 온 누리가 새롭게 되리다.

(기도합시다)

오 하느님, 성령의 빛으로 신자들의 마음을 가르치셨으니 같은 성령으로 우리가 언제나 참으로 지혜롭게 해주시고 우리 주 그리스도를 통하여 성령의 위로 안에 즐기게 하소서. 아멘."

■ 성서 안의 영(spirit) ● ● ●

"나는 너희에게 새로운 정신을 넣어주겠다. 너희의 돌 심장을 꺼내고 새로운 마음을 박아주겠다. 나는 너희가 순종할 새로운 법을 줄 것이며 그렇게 되면 너희는 나의 백성이 될 것이고 나는 너희의 하느님이 될 것이다."[3]

영(靈, spirit)은 히브리어로 루아(Ruah)라 하고 그리스어로는 프네우마(Pneuma)라 하며 라틴어로는 스피리투스(Spritus)라고 한다.

인간의 영(Ruah)은 그의 마음과 영혼과 열정의 내적 충동이 울려 퍼지는 인간의 호흡 위 편에 있다. 영(靈)은 또한 생명의 자리로서 호흡을 의미한다. 하느님은 절대자 주님이시고 오로지 생명의 호흡의 분배자다.[4] 그분은 인간과 동물에게 생명의 호흡을 주시며 당신께서 원하실 때면 언제든지 뜻을 거두어들이신다.[5] 우리가 죽으면 우리의 영은 영을 주신 하느님께 되돌아간다. 우리의 영은 생기에 넘치는 힘이고 하느님께서는 우리의 스승이신지라 그것은 그분께 회귀한다. 사람의 생생한 원리인 영은 우리의 감성적이고 지성적이며 도덕적인 삶의 자리이자 주체(subject)로 나타난다. 그런데 그것은 마음이 영혼의 그것과는 별개로 치는 것 사이에서 정확한 구별을 추적해낼 수가 없다. 하느님도 당신의 영을 갖고 계신다. 그렇지만 그것은 당신의 생생한 원리가 아니다. 그것은 우리와 우리의 세계 안에서 작용하시는 그분의 전능하시고 저항할 수 없는 능력이시다.

하느님의 영은 공간 복음에서만큼 요한과 바오로에게서도 많이 언급되고 있다. 예수님의 동정 잉태는 성령의 작업이시다.[6]

---

3) 탈출 6 : 7 ; 창세 41 : 8 ; 에제 3 : 14.
4) 창세 2 : 7.
5) 시편 104 : 29-30.

세례 때 성령께서는 예수께 내려오셔서[7] 그분 위에 머무르셨다.[8] 이것은 예수님을 당신의 인간성(humanity)으로 확증하시고 그분을 이사야서 42장 1절에 따라 야훼의 종으로 그 사명을 드러내는 것이다. "*하느님께서 나사렛 출신 예수님께 성령과 힘을 부어주신 일도 알고 있습니다. 이 예수님께서 두루 다니시며 좋은 일을 하시고 악마에게 짓눌리는 이들을 모두 고쳐주셨습니다.*"[9] 사막으로 인도된 예수님은 성령으로 가득 차 유혹자 악마의 공격을 거부할 수 있으셨다.[10]

성령은 사도행전에서 주요 동인(主要動因, principal agent)이시다. 성령강림은 요엘서 3장 1-2절의 예언을 이룬다.[11] 예수께서는 하느님의 오른편에 오르시어 아버지께로부터 성령의 약속을 받으시고 인류에게 이 영을 부어주셨다.[12] 회개하여 세례를 받는 사람은 누구나 성령의 선물을 받는다."[13] 이는 사도들의 안수와[14] 교회의 다른 구성원들을 통해 그러하다.[15] 그들을 통해서 성령께서는 교회를 건설하고 계시는 그분의 업적을 완성하신

---

6) 마태 1 : 18, 20 ; 루카 1 : 35.

7) 마태 3 : 13-17

8) 요한 1 : 33

9) 사도 10 : 38.

10) 마태 4 : 10 ; 루카 4 : 1-2.

11) 사도 2 : 14-18.

12) 사도 2 : 32-33.

13) 사도 2 : 38.

14) 사도 4 : 8.

15) 사도 13 : 3.

다. 그분의 현존은 특별한 은사와 카리스마로 증명된다.[16]

성령께서는 그분을 받아들이는 사람들에게 새로운 생명의 원리가 되신다. 그들은 성령을 따라 걷는다.[17] 그들은 성령으로 인도된다.[18] 성령께서는 그들의 사랑의 생활에 활기를 띠게끔 한다.[19] 성령께서는 그들의 마음을 하느님의 신비로 개방하신다.[20] 성령께서는 미래에 우리 희망의 보증이시다.[21] 예수님을 죽은 이들 가운데에서 일으키신 분의 영께서 우리 안에 사시면 그분께서는 하느님이 우리에게 주신 당신의 영을 통하여 여러분의 죽을 몸도 다시 살리실 것이다.[22] 그리스도의 제자는 성령의 성전이 되고[23] 성령을 통해서 예수께서는 악마를 추방하신다.[24]

■ 성령 강림 ● ● ●

우리는 성령께서 친히 당신의 능력을 어떻게 맨 먼저 베드로에게 그리고 나서 다른 사도들에게 드러내셨는지를 기억하고 있다. 베드로가 예루살렘에서 유대인 군중에게 말씀하실 때, 그들

---

16) 사도 2 : 3-5.
17) 갈라 5 : 25.
18) 로마 8 : 23.
19) 로마 5 : 5.
20) 1코린 2 : 10-16.
21) 2코린 1 : 22 ; 5 : 5.
22) 로마 8 : 11.
23) 1코린 3 : 16.
24) 마태 12 : 28.

은 깜짝 놀랐다.

"사람들은 이 말을 듣고 마음이 꿰뚫리듯 아파하며 베드로와 다른 사도들에게, '형제 여러분, 우리는 어떻게 해야 합니까?' 하고 물었다. 베드로가 그들에게 말하였다. '회개하십시오. 그리고 저마다 예수 그리스도의 이름으로 세례를 받아 여러분의 죄를 용서하십시오. 그러면 성령의 선물을 받을 것입니다. 이 약속은 여러분과 여러분의 자손들과 또 멀리 있는 모든 이들, 곧 우리 주 하느님께서 부르시는 모든 이에게 해당됩니다.' 베드로는 이 밖에도 많은 증거를 들어 간곡히 이야기하며, '여러분은 이 타락한 세대로부터 자신을 구원하십시오.' 하고 타일렀다. 베드로의 말을 받아들인 이들은 세례를 받았다. 그리하여 그 날에 신자가 3000명 가량 늘었다."25)

■ 성령의 강한 은사 ● ● ●

하느님께서는 마지막 목표인 하늘나라에 도달하기 위해 우리가 치르는 노력에 무관심하시지 않고 우리에게 필요한 도움을 주시어 거룩함과 완전함으로 자라게 하신다.

실상 우리는 하느님 없이는 단 하나의 행동도 할 수 없다. 영혼의 심연에는 우리를 거룩하게 만들어줄 모든 것이 존재한다. 아

---

25) 사도 2 : 37-41.

버지와 아들 그리고 성령께서 그곳에 계신다. 아버지와 아들은 성령께서 우리 영혼들을 성화시킴으로써 이러한 구원 사업을 계속해야 한다는 것을 원하셨다. 우리가 삶 속에서 성령의 기능과 자리를 고려해야 된다는 것은 우리의 영혼 안에서다.

우리 주 그리스도께서는 분명히 그곳에 계신다. 그분은 교회의 머리이시고 성사들을 통하여 초자연적 생명의 원천이시며 능동적 은총의 분배자이시다. 그분은 교회를 통하여 우리를 가르치시고 당신의 신적 활동으로 우리를 둘러싸고 계신다. 그렇지만 무엇보다도 그분은 늘 우리에게 당신의 성령을 주신다. "아버지께서 내 이름으로 보내실 성령께서 너희에게 모든 것을 가르치시고 내가 너희에게 말한 모든 것을 기억하게 해주실 것이다."26)

성령께서 우리 위에 내리실 때, 그분께서는 우리를 두 가지의 방향과 방법으로 인도하신다.

*첫째 방법*은 제일원인(the first cause)이신 성령께서 우리를 도와주시어 우리로 하여금 일상적인 크리스천 삶 안에서 방향을 유지하도록 하신다. 초자연적 은총을 통하여 우리는 크리스천 덕행으로 우리 자신들을 다스린다. 예컨대 우리는 아프리카에 사는 가난한 사람들과 연락하기 시작한다. 우리는 그들에게 교리를 가르치고 피신처를 마련해주며 그들에게 선이 되는 방법을

---

26) 요한 14 : 26.

가르칠 계획을 세운다. 성령께서는 친히 제일원인으로 현존하시지만 계속해서 우리는 방향을 보존한다.

이러한 종류의 영감은 우리가 본성상 불완전한 존재인 까닭에 그것에 대한 어려움을 느낀다. 우리의 생활은 우리가 속세에서 멀리 떠나 있는 수도원에 은둔하여 살아갈지라도 피할 수 없는 유혹과 어려움 그리고 함정들과의 연속적인 투쟁인 것이다.

두 *번째 방법*은 성령의 일곱 가지 은사들의 중재다. 이것은 곧 지혜, 이해, 의견, 용기, 지식, 통찰, 주님을 경외함이다. 이러한 성령의 감도에 의해 그분께서는 당신의 도구로써 우리를 행동하게 하신다. 하느님의 도우심으로 가득 찬 우리는 당신의 사업에 우리의 승낙만 드리면 된다.

성령강림 후에 사도들에게 일어난 것을 설명하기란 어려운 일이다. 사도들은 이전에는 약하고 겁이 많았으며 예수님의 이름으로는 거의 아무런 표징도 드러내지 못하였기에 공적으로 예수님을 선포할 능력이 없었다. 그렇지만 성령이 강림했을 때는 그들이 성령으로 가득 차 단순한 신앙의 선포에도 수천 명씩에 이르는 회개가 일어났다.

이제 우리는 성령의 두 가지의 방법들을 노 젓는 배와 돛단배의 움직임에 비교할 수 있다. 노를 젓는 배의 진행 방향은 순전한 물리적인 노력과 배를 조정하는 사공의 기술에 달려 있다. 돛단 배로는 알맞은 바람과 돛의 도움을 받아 사공이 배를 나아가게끔 해주어야만 먼 곳까지 여행하는 데 덜 힘들게끔 한다.

중요한 구별들

■ 은사들은 성령의 감도에 어리둥절하지 않는다. 은사들은 성령의 직접적인 감도를 우리가 수용토록 하는 영혼 안에 있는 힘들이다.

■ 성령의 은사들은 사랑을 능가하지 않는다. 은사들은 사랑이 먼저 현존하지 않는 곳에 들어가지는 않는다. 하느님을 사랑하는 영혼은 그분 마음의 일곱 가지 은사들에 대해 주인 역할을 한다.

■ 성령께서는 그분 친히 저 높은 하늘나라에 계시므로 우리를 더 높은 곳으로 이끄실 것이다. 성령께서는 악한 경향과 불인내, 낙담, 연약함, 기도의 산만함을 이겨내는 데 우리를 도와주시러 오실 것이다. 성령의 은사의 작업 주제와 그리스도인의 덕행 수행은 동일하다. 차이점이 있다면 그것은 활동 방식이다. 전자는 주입되는 것이고 후자는 인간의 노력을 통해 얻어지는 것이다.

■ 성령의 은사의 적합한 활동은 성 토마스 아퀴나스와 성 아

우구스티노에 의하면 마태오 복음의 일곱 가지 참 행복에 포함
되어 있다.[27] 우리의 주님께서는 성령의 은사들을 소유하고 계
시면서 그 모두를 완전하게 수행하신다.

---

27) 마태 5:1-7.

제10장 │ 지식의 은사

지식의 은사는 추리로 얻어낸 철학적 지식도 아니고 신앙에서 공급된 자료에 이성을 적용함으로써 얻어낸 신학적 지식도 아니다.

지식의 은사는 성령의 조명 활동을 거쳐 우리가 믿음의 덕행을 완전하게 하는 하느님에 관한 지식이며 피조물이 하느님과의 관계에서 창조된 것들의 지식으로 나아가게끔 하는 은사다.

이 은사는 우리로 하여금 하느님을 전능하시고 무소부재(無所不在)의 존재(all-pervading Being)로서 알게끔 해준다. 하느님은 땅에서는 물론 하늘의 모든 외적 사물들 안에서 당신 자신을 드러내신다. 그분은 언제나 당신의 흔적(痕迹)을 남겨주시고, 모든 피조물 안에는 하느님의 완전성에 관한 몇몇 가시적인 표지들이 발견된다. "우리는 창조 작품 어느 곳에서나 하느님의 지문을 바라보고 있다."[28] 피조물들은 하느님의 걸작품들임으로 우리는 피조물들을 사랑한다.

아담에게 주신 은총이 우리에게서 없어지지 않았더라면, 피조물과 창조주의 관계성에 대한 의식은 쉽사리 확립될 수 있었다. 그러나 죄는 우리에게서 그것을 빼앗아갔다. 거짓의 우두머리로서 그 모습에 진실되게[29] 악마는 피조물들이 그들 자신을 위해 사랑 받을 수 있음을 확신시켜줌으로써 우리의 첫 조상들을 속였다. 우리는 아담으로부터 이러한 성향을 유산으로 물려받았다.

■ 은사의 열매 ● ● ●

감각의 도움과 이러한 이성의 도움 없이도 지식의 은사는 우리 영혼에게 지성의 자유를 알리지만 그것은 어디까지나 하느님께 대한 절대적인 의존성이다. 우리는 성령의 힘을 통하여 노고를 겪지 않고 즉각적으로 지식의 은사를 얻는다. 첫 눈에 지식의 은사는 우리로 하여금 모든 일들의 원인을 쉽사리 분간토록 한다.

---

28) St. Thomas Aquinas, *Summa Theologica*, II IIa Art 4.
29) 요한 8 : 44.

■ 지식의 은사의 대상 ● ● ●

창조된 사물들이 우리를 하느님께로 인도하는 한 지식의 은사의 대상은 피조물들이다.

그 기원에서 생각해볼 때 피조물들은 그들의 창조자이시며 보호자이신 하느님으로부터 나왔다. 하느님께서 우리를 만드신 것이지 우리가 우리 자신을 만든 것은 아니다 …. 그분께서는 우주를 만드셨다.[30]

만일 우리가 "피조물"의 본성을 관찰한다면, 우리는 그 안에서 하느님의 모습을 보게 된다. 피조물의 종말과 목적은 하느님과 일치하도록 우리를 돕는 데에 있다. 피조물들은 하느님과의 이러한 일치에 도달하는 데에 우리의 디딤돌이 되기 위해 거기에 있다. 그들은 그 자체로 목적이 아닌 것이다.

다음은 아시시 성 프란치스코가 피조물들을 어떻게 바라보았는지에 관한 것이다. 그는 모든 피조물들이 한 분이시며 만물의 같은 아버지와 공통 관계를 함께 나눈다고 보았다. 그래서 태양, 달, 수정과 같은 물, 들의 꽃, 공중의 새들, 개미들 그리고 하느님 손길의 다른 모든 업적은 그에게 "형제"와 "자매"가 되어주었다.

---

30) 창세 1 : 1.

■ 은사의 유용성 ● ● ●

지식의 은사는 우리를 비추어줌으로 우리는 재빠르면서도 올바르게 우리 자신의 거룩함과 다른 이들의 성화와 관련된 것을 지각할 수 있다. 이 은사는 우리로 하여금 영혼의 상태와 그 비밀스런 움직임 그리고 그 원천을 보게끔 도와준다. 이 은사는 그들의 구원에 비추어 다른 이들을 대하는 방법을 우리에게 가르쳐 준다.

지식의 은사는 우리로 하여금 피조물에서 이탈하게끔 한다. 이 은사는 우리에게 세상의 일들이 얼마나 공허하고 덧없는 것인지를 가르쳐준다. 이 은사는 피조물들이 우리를 참으로 행복하게 할 수 없다는 것을 우리로 하여금 알게 해준다. 그런데 만일 우리가 주의를 기울이지 않으면 그것들은 우리를 유혹하여 예속시키고 우리로 하여금 하느님을 외면하게도 할 수 있다. 그러나 모든 피조물에게서 이탈할 때 우리는 쉽사리 우리 마음의 그리움을 만족시킬 수 있는 창조주이신 하느님께 돌아설 수 있다. 성 아우구스티노의 말대로 "나의 마음은 하느님 안에 쉬기까지 결코 평안하지 않다."[31]

지식의 은사는 또한 완덕의 사다리를 올라가는 수단으로서 피조물들과 관계하고 다루는 방법을 우리에게 지도해준다.

---

31) St. Augustine, *Confessions* Bk 10, C. p.27.

■ 은사를 가꾸는 수단 ● ● ●

다음의 것들은 우리 안에 지식의 은사를 잘 가꾸어줄 수 있다.

■ 믿음의 눈으로 피조물들을 바라보시오. 피조물들을 찬양하기보다 피조물들을 초월하여 바라보고 창조주의 완전함을 관상하시오. 성 바오로는 필리피서 3장 8절에서 *"나는 그리스도 때문에 모든 것을 잃었지만 내가 그리스도를 얻기 위해서 그것들을 쓰레기로 여깁니다"*라고 말하였다.

■ 이러한 성령으로 활력이 넘칠 때 우리는 쓸모 없는 것과 쓸모 있는 것까지도 그 무엇이나 없애버릴 줄 아는 방법을 터득하게 될 것이다. 우리는 하느님의 사랑을 위한 희생을 하기 위해 재미있는 책을 읽으면서 차별적일 수 있거나 아니면 아름다운 대상을 바라보기를 거절하기 시작하기까지 할 수 있다. 이러한 방법으로 우리는 점차 우리 자신들을 피조물로부터 이탈시키고 그것들을 조물주께 우리를 인도하는 수단으로만 바라보게 된다.

■ 은사의 효과 ● ● ●

지식의 은사는 우리 믿음의 불완전함을 치료한다.

믿음은 인간 이성에 뿌리를 둔 초자연적 빛이다. 믿음은 이성을 완성시키지만 이성은 믿음에 의해 제한 받고 있다. 이성은 무한을 위해서 만들어지지 않았다. 이성은 그것이 매여 있는 감각에 의해 그 지식을 얻어야만 한다. 지식은 그것의 가장 정신적인 사고들을 추상해야만 하는 물질적이고 가시적인 사물들에 관한 지식을 알려준다. 감각적인 것들과 가시적이고 이해 가능한 것들에 관한 우리 이성의 확증은 우리의 마음을 끌고 그것의 시선을 지도하며 거기에 열중케 할 수 있다. 피조물들은 우리의 이해력을 끌어들여 우리 마음은 그것들이 멋지고 훌륭하다는 것을 알면서 그런 것들에 우리가 집착하게끔 한다. 그로 인해 많은 사랑을 잃게 되었다. 현재 보이지 않는 것들에 대해 이야기하는 믿음의 역할은 지금에 와서는 아주 어렵게 되고 있다. 이 같은 불완전함에 치료제를 공급하는 것이 지식의 은사다.

지식의 은사는 우리의 신앙 교의들에 대한 이해의 불완전성을 치료한다. 성서는 우리의 사고를 일으켜 신적인 것을 인간적인 이해로 납득할 수 있도록 하지만 우리는 그 언어를 완전히 통찰할 수 없다. 우리는 쉽사리 그 근원에 이르지 못한다. 예컨대 신학이 우리에게 가르쳐주는 것이라 할지라도 강생의 신비를 이해하기란 더 더욱 어렵다. 우리의 믿음은 인간적인 형태의 사고에 사로잡혀 있는 까닭에 우리를 신비의 핵심으로 이끌어 가는 은사가 필요하다.

■ 은사의 적용 ● ● ●

어떤 이들은 피조물들이 하느님과는 별도로 알려질 수 있는 것이라 생각하고, 또 어떤 이들은 인간은 선하게 태어났으므로 인간 안에는 원천적으로 악이 존재하지 않는다고 생각한다. 그러므로 인간의 마음을 정화할 필요는 없다고 본다. 존재(being)는 본래 선하다고 그들은 생각하기 때문에 인간은 완전한 자유와 무한한 기쁨을 가지고 인간을 끌어당기는 것에 자기 자신을 내어줄 수 있다고 생각한다.

어떤 이들은 악만을 바라보고 있다. 그들은 참으로 살아 계신 하느님이 계시다면, 하느님은 전쟁, 페스트, 빈곤, 가난, 질병, 고통과 인간에게 닥쳐오는 온갖 종류의 고난과도 같은 몹쓸 재난을 허락하시지 않을 거라고 생각한다. 한편, 하느님이 존재하신다는 것을 인정은 하지만, 하느님은 당신의 섭리를 피할 수 있는 많은 것들, 곧 그것에 매인 인간과 다른 모든 것에 자유를 허용하신다는 것을 인정하는 이들이 있다. 이런 까닭에 어떤 이들은 선하고 신적인 것으로부터 등을 돌린다.

매력적인 자연의 능력은 매혹적인 자연의 힘에서 샘솟는다. *이것이 영적 전쟁이다!* 빛의 천사처럼 보이는 악마는 우리를 죄로 유인한다.

모든 사람들이 행복을 원하고 피조물들은 이러한 행복을 줄수 있다고 많은 이들이 믿고 있다. 하느님은 잊혀지고 있다. 종종 우리는 이 세상의 재물에 애착하면서 그것에 지나친 중요성을 두고 있다. 우리는 하느님에 대한 생각을 포기하고 있거나 아니면 적어도 하느님을 잠시 동안 잊고 산다. 우리의 믿음은 종종 하느님께 나아가는 데에 곤란스런 경우가 있다 신적 증언의 위력에도 불구하고 우리는 끊임없이 우리의 삶 안에서 증언하며, 피조물들에 애착하던 기억들은 우리를 무겁게 방해한다. 피조물들은 우리를 매혹하여 우리를 예속시킨다. *그들은 우리의 마음을 하느님한테서 떼어놓는다.*

성령께서는 우리가 이러한 거짓된 망상으로 에워싸인 것을 아시고 우리를 해방시키고자 하신다. 성령께서는 당신의 지식의 은사를 우리에게 부여하심으로써 그렇게 하신다.

사물들을 좀더 가까이 바라보면 성령께서 참으로 신비스런 숨은 방법으로 일하시고 계심을 알게 될 것이다.

제스(Jess)라는 이름을 가진 친구는 너무나도 물질주의적이고 자기 중심적이라서 하느님을 위한 시간을 한 번도 내지 못하였다. 그로서는 중요한 것이 사람이 돈을 얼마나 벌고 사회에서 어떤 모습을 가지느냐 하는 것이었다.

그러나 운명은 어느 날 그를 덮쳤다. 제스는 중한 병에 걸렸다. 어떤 의사나 친척도 그를 위로해줄 수가 없었다. 제스가 가톨릭 신자가 된 다음 마지막 기회로써 사람들이 사제의 도움을 구했다. 모든 것이 상실된 듯이 보일 때 기적이 일어났다. 제스는 물질에 대한 집착심에서 벗어나면서 하느님을 되찾았다. 성령께서는 그에게 지식의 은사를 내려주셨다. 그래서 그는 수년간 잘못 가던 길에서 돌아온 다음이었지만 하느님이 여전히 모든 이들의 주님이시고 거기에는 다른 어떤 것이 있을 수 없다는 것을 깨닫게 되었다. 성령의 감도가 너무나 컸으므로 그것은 제스의 전 생애를 변화시켰다. 그는 다시 살아난 사람으로 하느님께 되돌아왔다.

제11장 | 통찰의 은사

통찰의 은사는 그 고유 대상에서는 지식의 은사와는 다르다. 그 영역은 피조물로 제한되지 않는다. 통찰의 은사는 우리에게 계시 진리의 내적 의미를 통찰할 수 있게 하므로 계시된 모든 진리에까지 연장된다. 이 은사는 우리에게 신비에 대한 이해력을 베풀지는 않지만 그 불명료함에도 불구하고 그것들은 서로간에 이성과 조화를 이룬다.

예컨대 우리가 한 분이신 하느님과 세 가지의 신적인 위격이라는 삼위일체의 신비를 어떻게 쉽사리 파악할 수 있겠는가? 철학에서 한 전제는 이르기를 수학적으로나 형이상학적으로 증명하기가 어려울 때는 도덕적 확실성을 지닌다고 한다. 그러나 그것은 그 요소들에서 아무런 모순도 내포하지 않는다. 이와 같이 도덕적 확실성의 영역에서 그것은 참되다고 말해진다. 많은 신학자들은 이런 방식으로 「인간 생명(*Humanae Vitae*)」에 대한 가르침을 택하고 있다. 교황 바오로 6세의 회칙은 인공 산아 제한은 결코 언제든지 허용되지 않는다는 것을 언급하였다. 그것은 자연법을 조절하는 것이므로 *본질적으로 악이다.*

주입된 성령의 통찰의 은사는 교황의 가르침을 이해하는 데 좀 더 손쉽게 해줄 것이다. 통찰의 은사는 성령께서 밝혀주시는 행위 아래 신비 그 자체들에 대한 완전한 이해 없이도 우리에게 계시된 진리에 대한 깊은 통찰력을 주는 은사라고 정의될 수 있다.

■ 은사의 효과 ● ● ●

악마는 계시된 진리를 모호하고 비현실적인 것으로 드러내려 함으로써 우리에게 혼란을 일으키고자 한다. 통찰의 은사를 통해 성령께서는 성 토마스에 의한 여섯 가지의 상이한 방법으로, 우리로 하여금 계시 진리의 바로 그 핵심에 스며들게 할 수 있다.[32] (a) 예를 들어 성령께서는 예수 그리스도를 성체 성사의 종들(빵과 포도주)에서 우유(偶有, accidens)로 가려진 실체를 우리에게 드러내신다. (b) 성령께서는 주님이 엠마오로 가시는 길에서 예언의 의미를 제자들에게 드러내실 때 말씀 아래 숨은

---

32) *Summa Theologica*, q. 8, a. 1.

뜻을 우리에게 설명해주신다. (c) 성령께서는 감각적 표지의 신비스런 의미를 드러내 보이신다. 성 바오로는 세례 중에 물 속에 잠기는 것은 죄에 대한 우리의 죽음을 상징하는 것으로 드러내 보인다. (d) 성령께서는 또한 우리에게 외적인 형상 아래에서 우주의 창조자이시며 성 요셉과 함께 하는 나사렛의 기능공이시고 목수이신 예수님이라는 외적인 현시 아래 내포된 영적 실재들을 우리로 하여금 알게 해주신다. (e) 우리는 우리의 정화의 표지와 하느님과의 화해의 표지로 갈바리아에서 그리스도의 피 흘리심 같은 원인들의 결과들을 본다. (f) 이해의 은사를 통해서 우리는 은사의 결과에 의한 원인을 바라본다. 예컨대 외적인 사건들 안에서 하느님 섭리의 행위가 바로 그것이다.

이 특별한 은사는 계시 진리를 더욱 잘 설명하고 우리를 성성에 재촉하는 하느님의 빛을 겸손하게 간구하는 활기차고 소박한 믿음을 동반한다. *"저에게 지혜를 주소서. 그러면 제가 당신 계명을 배우리다."*[33]

■ 믿음의 문제 ● ● ●

1968년 미국 가톨릭대학에서 동 대학 총장 찰스 커란 신부(Fr. Charles Curran)의 지도하에 신학자와 학생들 600명은 교내에서 교황 바오로 6세의 인공 산아 제한에 관한 회칙인 「인간 생명

---

33) 시편 117 : 73.

(*Humanae Vitae*)」에 반대하는 시위를 벌였다. 그들은 교황의 가르침이 *신앙인들의 감각*(*senus fidelium*)에 거슬리는 것이므로 잘못이라고 주장하였다. 그들은 격렬하게 "교황의 무류성(無謬性)을 의심했다." 그렇지만 우리가 하느님 백성의 신앙 감각은 물론이고 교회의 공적인 가르침의 창시자가 하느님이시라는 것을 진실로 믿는다면, 계시 진리는 모순일 수 없음을 우리는 알고 있다. 그러기에 교황의 통상적인 가르침은 내적 신앙의 동의로 순응해야 한다.34)

교황님의 가르침이 비무류적(*non-infallible*)이라면, 그것은 여전히 진실하며 거기에는 도덕적 확실성이 있다. 교회의 교의헌장은 이르기를 그리스도교 신도들은 외적으로 교황의 가르치는 직무에 순종해야 할 뿐 아니라 내적으로는 마음으로 그 직무에 순종해야 한다. 이것은 이해의 은사를 받은 사람들에게는 쉽게 되지만 이 은사를 받지 못한 사람들은 믿기가 늘 어렵다.

---

34) 「교회헌장」, 25.

제12장 │ 주님께 대한 경외의 은사

　어떤 사람들은 하느님과 그분의 계명을 완강히 거부한다. 그
들은 계속해서 죄 중에 살고 회개하기를 마다한다.『성경』은 "악
마는 거짓의 아비이고 처음부터 살인자였다"[35]고 분명하게 말
한다.

　1992년에 워싱턴 시에서 임신 중절 합법화를 지지하는 시위에
대략 50만 명의 여성들이 한 남성 팀에 합류하여 다음과 같이
큰소리로 외쳤다. "우리는 우리의 몸에 대한 권리가 있다! 우리
는 우리의 아기들에 대한 권리가 있다! 하느님은 존재하지 않는
다! 만일 하느님이 존재한다면, 우리의 삶을 방해하므로 우리는

---

35) 요한 8 : 44.

그를 증오한다!" 그들은 자신들의 『성경』 책들을 찢고 예수 성심과 티없으신 성모성심 그리고 과달루페의 성모님의 성화를 때리면서 조롱하였다.

우리는 오로지 당혹한 심정에서 "하느님께 드리는 공경이 어째서 이렇게까지 상실되었을까? 하느님을 거스르는 이런 도전이 무엇 때문에 생겼을까? 어둠의 세력, 루치펠 그 자체가 아니면 이 같은 항의를 누가 가르칠 수 있겠는가?" 하는 질문을 던질 수 있다.

■ 주님께 대한 경외심 ● ● ●

주님께 대한 두려움은 우리의 의지를 하느님을 위한 자녀적 존경심으로 기울게 하여 우리로 하여금 죄를 경멸케 하고 하느님의 조력(助力)에서 우리에게 희망을 주는 은사다.

성령께서는 이러한 선물로 우리 영혼에게 하느님의 위대하심에 대한 생생한 의식과 무한히 엄위하신 하느님(His infinite Majesty)의 마음을 아프게 할 수 있는 아주 미미한 죄에 대해서도 지극히 두려워하는 의식을 부어주시고 무한하게 선하신 무한한 하느님의 마음을 상해드린 터에 지극히 작은 잘못에도 깊이 슬퍼하며 죄의 기회를 피할 깨어 있는 정신을 은혜로 주신다.

『성경』은 우리에게 "지혜의 근원은 주님을 경외함이다"[36]라고 말한다.

영혼이 악에서 회개한 다음 그 영혼으로 하여금 덕행에 나가도록 주입해주는 성령의 첫 호흡은 주님께 대한 경외심이다.

주님께 대한 이 경외심은 종의 두려움이나 자녀적 두려움이 될 수 있다.

종의 두려움(fear of servitude)은 더욱 드높은 동기가 호소될 수 없을 때 좋은 목적으로 쓰일 수 있다는 하느님의 심판과 징벌에 대한 두려움이다. 하느님 사랑이 빠뜨려지지 않고 그것이 유일한 이유가 아니라면, 종의 두려움은 선한 목적을 위한 하나의 수단으로 쓰일 수 있다.

예컨대 기혼 남자 친구와 부정한 관계에 있던 10대 소녀의 부모가 딸에게 "예야, 하느님의 사랑을 위하여 네 남자 친구와의 관계를 제발 좀 청산해라"고 말했을 때, 그녀는 자기 부모의 말을 들으려고 하지 않았다.

종의 두려움을 지닌 부모의 질책은 오히려 다음과 같을 수도 있다. "너는 변절자, 간부(姦婦)에 불과하다! 만일 네가 오늘 죽

---

36) 시편 111 : 10.

는다면 하느님의 정의는 결정적으로 너를 영원히 지옥행으로 단죄할 것이다!" 그녀는 한순간 무관심하게 보일지도 모른다. 그렇지만 나중에 그녀가 자신의 생활을 인정하기 시작하면 그녀는 점차로 이유를 알고 변화될 수 있다.

이러한 종류의 경외심은 프로테스탄트 신자들이 받아들이지 않더라도 트렌트 공의회에서 하느님의 은사로 간주되었다.

자녀적인 두려움(filial fear)도 있다. 우리가 온 마음을 다해 참으로 하느님을 사랑하고 그분 안에서 완전한 선성을 바라본다면 우리는 그분의 위대성과 위엄성, 무시무시한 심판 그리고 그분의 무한한 능력을 헤아리지 못하고 잊게 된다. 우리가 가질 수 있는 유일한 두려움은 그분과 떨어져 있다는 생각에 그분은 얼마나 위대하고 거룩하신지, 이와는 달리 우리는 얼마나 약하고 죄 많은지를 깨닫는 일이다. 이는 자녀가 선하다는 것을 알고 계시는 아버지에 대한 어린아이의 두려움에 비유된다. 이 자녀적 두려움은 아버지의 양팔에 우리를 완전한 포기 중에 안전하게 내맡긴다. 우리가 이러한 경외심을 가지면 하느님의 위엄과 정의와 징벌을 결코 잊지 않을 것이다. 우리는 하느님의 것이 되기를 더욱 열렬히 염원하고 그분과 떨어져 있기를 결코 원치 않을 것이다. 이 자녀적 두려움은 사실상 사랑이다. 그것은 하느님의 엄위하심과 완전하심 그리고 거룩하심에 합당치 않은 두려움으로만 남아 있지 않고 사랑으로 감도된 두려움이 될 것이다. 성령께서 우리에게 주시는 것은 이러한 주님의 은사인데, 이것은 단지 하느님만을 사랑하고 하느님께서 사랑 받으시기만을 원하는 영혼들 안에서 발견되는 은사다.

■ 경외의 은사의 효과 ● ● ●

경외의 은사의 결과는 하느님께 우리 자신을 완전히 포기하는 것이다. *"오 하느님, 저를 택하시어 소유하소서. 저는 당신의 것입니다. 저를 붙들어주소서. 저를 품어주소서. 그러면 저는 당신에게서 절대로 떨어져나가지 않을 것입니다."*

이 은사를 통해서 성령께서는 다음의 것을 초래하신다.

■ *우리에게 죄 많은 자신을 알게 해주신다.*

무엇 때문에 우리는 두려워해야 하는가?

우리는 우리 자신을 분리시키는 의지와 자유와 무시무시한 힘을 우리 안에 지니고 있다. 우리가 두려워해야 하는 것은 우리의 약함과 무력함과 악덕이다. 이러한 것들은 악마가 드는 장소다. 그것은 하느님의 마음을 거스르고 그분에게서 우리를 분리시키기 때문에 우리는 죄를 두려워한다. 그래서 성령으로부터 두려움의 은사로 우리는 우리의 완고한 의지에 맞닥뜨려 성령의 전능의 영감으로 무장하고 있다. 우리는 육신을 억제하기 위해 우리의 의지와 싸우고 있으며 그것을 포기하고 파괴한다.

■ 우리를 회개로 인도한다.

두려움의 은사로써 우리는 우리의 어리석음의 근원을 간파할수 있다. 종종 우리는 하찮은 일과 완전한 선이신 하느님에 대해한정된 기쁨을 선호한다. 이러한 깨달음과 더불어 우리는 우리의 잘못을 이겨내고 그것들을 고치기 위해 고해소로 인도된다.

■ 우리에게 절제의 덕으로 강력한 조력자를 주신다.

자주 일어나는 유혹과 우리가 끊임없이 범하는 죄와 우리가얼마나 쉽게 생각이 흔들리고 있다는 것을 기억할 때, 우리는 어린이와 같은 두려움으로 우리의 죄스런 경향들을 무서워하기 시작한다. 그러므로 우리는 절제하고 죄를 뉘우치며 침착하고 겸손해지도록 힘써야 한다.

매우 중요하게도 이 경외의 은사는 우리의 신심을 성장케 하고 우리의 희망을 더욱 강하게 하며 우리의 절제를 더욱 확고히한다.

그러나 우리가 깨어 있지 않으면, 우리는 주님께 대한 두려움의 거짓된 감성을 가질 수 있다. 그러한 두려움이 성령에게서 나오지 않는다는 것을 우리는 어떻게 아는가? 두려움이 열정적이지 않을 때, 바로 죄에 떨어진 아담과 하와의 경우처럼 우리가 죄를 짓기 때문에 하느님을 두려워할 때, 혹은 자기의 능력을 숨기는 하인의 경우에서처럼 주님의 엄하심에 고통을 겪는 두려움의 경우일 때가 그러하다.

주님의 참된 경외의 은사는 다음과 같은 경우다.

■우리의 양심은 섬세해진다. 우리는 주제넘지도 꼼꼼하지도 않다. 우리의 양심은 치밀하고 경건하다.

■우리는 정확하고 정직하며 온갖 부절제(excesses)와는 거리가 멀고 우리의 생각과 판단과 행동을 구성하는 억제력으로 활성화된다.

■우리의 태도는 모범적이 된다. 우리는 공포심으로 얼어붙지 않은 두려움과 이해심을 지닌다. 이것은 하느님께 대한 경외심을 불러일으켜 우리의 타락한 본성의 유혹을 억제하는 두려움이다.

■우리의 사랑이 증가할 때 주님께 대한 경외의 은사는 우리를 더욱 유순하게 만들어줄 것이다. 그것의 기초는 고행이라는 자녀적 두려움이다. 그 자체로 단단한 우리의 두려움은 따스해

지고 녹아져서 다음과 같이 외치는 개방된 영혼에게 자리를 양보한다. *"주님의 도우심으로 사는 사람은 주님의 보호 안에 그리고 그분의 날개 아래 머물게 될 것을 희망한다."*

■ 경외의 은사의 적용 ● ● ●

목자는 불순종하는 양의 다리를 꺾어 더 이상 해를 당하지 않도록 양을 보호한다. 이것은 잔인하게 보일지라도 목자는 이것만은 사랑으로 한다. 목자는 좀더 나은 목초 밭이 있는 장소를 알고 있고 대체로 양들은 좁은 골짜기 근처인 언덕의 중턱을 따라 줄지어 서 있다. 양이 길을 잃는 사건이 생길 수 있는 크나큰 위험성을 알기 때문에 목자는 안전한 길로 양 무리를 이끌어 목초지에 다다른다. 거기서 양들은 마음놓고 풀을 뜯을 수 있다. 양 떼에서 떨어져나가 목자가 부르는 소리에 주의를 기울이지 않는 양의 다리를 꺾어야만 하는 것은 그 양이 골짜기에 빠진다거나 아니면 다른 양들을 같은 운명으로 이끄는 것에서 보호하기 위해서다. 목자는 이 양을 관심과 자비로 혼내준다.

주님께서 우리를 벌주실 때, 그분은 의로우시고 자비로우시다. 때로는 그분께서 오로지 우리를 정화시키시고 우리의 영혼을 튼튼하게 해주시려고 의로우심을 적용하신다.

성 바오로가 큰 빛을 받아 자신이 탄 말에서 떨어졌을 때 그것은 하느님의 놀라운 힘에 대한 두려움이었고 그를 회심으로 이끄는 죽음에 대한 두려움이었다. 그는 예수님의 원의를 깨달았고 그의 조언자인 아나니아(Ananias)의 말을 유순히 따랐다. 그는 성령으로부터 주님께 대한 경외의 은사를 받고 나서 그 일을 일으키신 분이 자기가 박해해왔던 하느님의 아들, 예수님이라는 것을 깨달았다. 바오로는 온 마음과 영혼으로 개과천선하고 자신이 이방인들에게 그리스도교의 기둥이 되는 아주 깊은 회심을 체험했다.

나는 32년 동안 하느님을 잊고 살았다

나는 여러 해 동안 만나보지 못했던 옛 친구의 생일 파티에서 그가 해준 매우 감동적인 이야기를 듣게 되었다.

"인생의 노선에 대해 말할 수 있는 사람이 있다면, '행운(fortune)은 나의 두 번째 이름이다.' 나는 바로 그런 사람일 수 있었다. 나는 이 나라에서 가장 사치스러운 무역 도시의 상속자일 뿐만 아니라 아시아에서 최고로 큰 식품 회사와 은행 지분의 최고 많은 주식도 소유하고 있다. 이런 것을 차치하더라도 나의 회사는 세계 곳곳으로 동양 과일을 수출하는 가장 큰 기업이다. 나는 실제로 부르나이 왕궁을 건축했고 그 나라의 도시도 건설했다. 이런 업적으로 인해 나는 이 세상에서 가장 중요한 사람이라고 생각했다. 나는 나를 위해 일하는 모든 사람들의 생명을 내 손에

쥐고 있었다. 나는 극도로 바쁘게 지냈고 32년 동안 하느님을 위한 시간이라고는 손톱만큼도 갖지 못했으며 그분께 대해서 아무런 주의도 기울일 수 없었다."

"나는 하느님이 없는 우상이 되었다. 나는 나의 경쟁자들을 쳐부수는 데 전적으로 몰두했다. 나는 어머니를 버렸고 아내와는 이혼했으며 주색(酒色)에 빠져들었다. 나는 기도한 적이 없었다. 나는 모든 것이 내 덕이라고 믿었다."

"그러나 어느 날 하느님께서는 이 모든 자기 기만(self-deception)에서 나를 뒤흔드셨다. 나는 재난을 당했다. 말에서 추락하여 100미터가 넘는 거리를 질질 끌려갔다. 사방 척추가 부러지기에 충분했다. 마비가 왔는데도 그때까지 나는 결코 고통을 알지 못했다. 발작 증세는 번갯불처럼 내 육체를 진동시켜 앞뒤로 마구 흔들어댔다. 한 줄기 부드러운 어루만짐은 엄청난 고통을 가져다주기에 충분했다. 고명한 의사들로 하여금 나의 원기를 회복해주도록 많은 돈을 투자했다. 그러나 내가 듣기로는 3일 이상 살지 못한다는 것이었다. 수십 억의 달러로도 나는 내 자신을 돌볼 수가 없었다. 내가 죽어가고 있다는 것이 두려웠다. 나는 사멸할 한 영혼이 나를 도와줄 수 있다는 것을 믿을 수 있을까?"

"무심결에 눈물이 내 눈에서 마구 쏟아졌다. 눈물이 억수같이 쏟아져 나는 눈물을 닦을 겨를조차 없었다. 나는 공중에 매달린

채 나의 죽음을 기다리는 침대에 묶여 있었다. 그런데 이런 것에 대해 일할 수 있는 사람이라곤 아무도 없을까? 어느 날 나의 비서는 나에게 속삭였다. '사장님, 인간이 도울 수는 없어도 어르신께서 하느님의 능력을 믿으시면 그분께서 어르신을 구해주실 것입니다.' 나는 이유를 알지 못했지만 그토록 오랜 세월이 지난 후 처음으로 그의 말에 감동되어 '오 하느님, 당신이 참으로 계신다면 제발 저를 도와주십시오. 제가 죽어가고 있습니다'라고 하면서 점점 더 소리쳐 울었다."

"그러나 나는 무서워졌다. '하느님이 참으로 계신다면 지옥도 존재하겠지! 하느님이 나에게 벌을 주신다면 어떻게 해야 하나?' 그때 나는 얼마나 죄를 많이 지었고 악한지를 알았으며 양심의 가책이 나의 고뇌를 증가시킨다는 것을 깨달았다. 무시무시하게 느껴진 나는 소리쳤다. '주님, 저는 아직 죽기를 원치 않습니다. 저는 당신을 몹시 아프게 했고 모든 것을 송구스럽게 느낍니다. 저로 하여금 저의 모든 죄를 보상할 수 있도록 허락해주십시오.'"

"여하튼 나는 하느님께서 나의 기도를 들어주셔서 기적적으로 병이 나았다는 것을 알았다. 의사들까지도 깜짝 놀랐다! 그 뒤에 나는 많은 분들이 나를 위해 기도를 해주었다는 것을 알게 되었다. 나는 한 신부님께 전화를 드리면서 하느님께서 나에게 또 하나의 생애를 주신다면 나는 영원히 변화된 삶을 살겠다고 약속드렸다. 그리고 처음으로 나는 총고해를 보고 하느님으로부터 경외의 은사를 받았다. 내가 어린아이처럼 엉엉 울고 있을 때 성령께서는 내가 그동안 하느님의 마음을 얼마나 많이 아프시게 해드렸는지 깨닫게 해주셨다."

"나는 내 수업을 잘 익혔다. 나를 관통한 외상은 나에게 주님께 대한 커다란 두려움과 사랑을 가르쳤다. 그것은 하느님으로부터 떨어져 있는 것이 얼마나 무시무시한 일인지를 나에게 가르쳐주었던 것이다."

제13장 | 지혜의 은사

지혜의 은사는 사랑의 덕을 완성한다. 지혜의 은사는 우리 영혼에 빛과 사랑을 주입하여 지성과 의지에 머무른다. 그러므로 이 은사는 사랑이 모든 덕행들을 포함하고 있는 것처럼 여타의 모든 은사들을 포함하며 모든 은사들 중에서 가장 완전한 것으로 정확하게 개념화된다.

이 은사는 두 가지 요소로 구성된다.

(1) 마음을 조명하여 우리로 하여금 피조물을 그들의 첫 원리와 목적에 관련시킴으로써 하느님의 권리와 피조물들의 권리를 판단할 수 있게 하는 빛. 이 은사는 우리에게 사물들의 드높은

원인대로 그것들의 가치에 따라 판단할 수 있게 하여 하나의 거대한 종합에 모아들인다.

(2) 의지를 실행하여 우리에게 하느님의 일들을 일종의 자연스런 이끌림으로 좋아할 수 있게 만드는 *초자연적인 맛*(supernatural taste).

지혜는 햇살과도 같이 영혼의 눈을 조명하고 기쁘게 하는 광선을 내어주고 우리의 마음을 따뜻이 하며 우리를 사랑으로 불타게 하여 기쁨으로 충만케 하는 열선(熱線)을 가져다준다.

■ 은사의 본질● ● ●

지혜의 은사는 우리로 하여금 하느님과 신적 사정들을 무한한 원리로 깨닫게 하면서 그것들을 사랑하게끔 한다.

이 은사는 이해의 은사와는 다르다. 이해의 은사는 우리에게 신적 진리를 그 자체와 그들 상호 관계 안에서 알 수 있게 하지만 그것은 그것들의 궁극적 원인들(ultimate causes)에서가 아니며 또 우리에게 그것들을 직접 좋아하게끔 만들지도 않는다. 한편, 지혜는 우리에게 사랑과 신적 진리 모두를 다 좋아하게끔 한다 : "너희는 맛보고 눈여겨보아라. 주님께서 얼마나 좋으신지"[37] 지

---

37) 시편 34 : 8.

혜의 은사는 성 요한이 사도들에게 "하느님은 사랑이십니다"라고 말씀하시고 성 토마스 아퀴나스가 "하느님은 모든 피조물의 제일원리(the first principle)이자 최종 목적이시다"라고 말할 수 있게 해준 은사와 똑같다."

■ 지혜의 은사의 적용 ● ● ●

이 덕행을 얻을 수 있기 위해서는 겸손을 실천해야 한다. *겸손*은 역으로 애덕에 비례한다. 우리가 우리 자신을 비우면 비울수록 하느님은 더욱더 우리 영혼 안에 거처하시게 된다.

아시시의 성 프란치스코가 세속을 버리기로 맘먹고 자신이 가진 모든 것을 팔아 가난한 사람들에게 나눠주었을 때 사람들은 그가 미쳤다고 생각했다. 아버지로부터 의절 당하고 친구들에게 동정을 받은 그는 숲 속에 혼자 살면서 사람들이 먹다 남은 음식 찌꺼기를 겨우 구걸해 먹었다. 아이들은 그를 조롱하고 그의 이름을 마구 불러댔다. 그러나 그가 성령의 훌륭한 성전이 될 수 있다는 것은 하느님의 정화의 한 몫이라는 것을 알았기 때문에 그는 자신의 결심에 주저하거나 머뭇거리지 않았다.

2년 뒤 프란치스코의 친구 베르나르도는 그를 찾으러 사방에 돌아다녔다. 마침내 그가 프란치스코을 발견했을 때 사랑하는 그의 친구는 보잘것없는 일들 안에서조차도 얼마나 많이 하느님을 사랑하고 있는지 두려움에 짓눌렸다. 프란치스코는 하느님을 섬기는 일에 결코 고달파하거나 피곤해하지 않았으며 위대한 가난 한가운데에서도 언제나 기쁨으로 가득 찼다. 베르나르도는 세상 사람들이 생각하는 지혜는 하느님 보시기에 어리석음이고, 세상 사람들이 어리석음으로 보는 것은 하느님 앞에서 슬기라는 것을 깨달았다. 그때 베르나르도는 프란치스코가 홀로 있을지라도 무슨 이유로 낡은 교회의 유산들을 모으려 힘쓰고 있는지를 알게 되었다.

한번은 베르나르드가 저녁 식사를 함께 하기 위해 프란치스코를 초대했다. 그리고 자기 집에서 그 밤을 보내게 되었다. 그날 밤 프란치스코는 베르나르도를 위해서 잠자는 척하였다. 얼마 안 있어 프란치스코는 자신의 침대에서 일어나 그토록 사랑하고 흠숭하는 하느님께 기도하고 찬미를 드렸다. 어디서인지는 몰라도 환한 빛이 나타나 그의 얼굴을 비추고 있었다. 잠든 척하던 베르나르도 역시 이 모든 것을 보게 되었고 프란치스코의 타는 듯한 외침 소리를 들었다. "나의 주님, 나의 하느님." 성인은 얼굴에 흘러내리는 사랑의 눈물에 젖은 채 탈혼 상태에 빠져들었고 베르나르드는 넋을 잃었다. 다음날 베르나르도는 주님께 드린 프란치스코의 전적인 봉헌 생활에 자신도 받아줄 수 있는지를 물었다.

프란치스코가 신적 소유에 방해가 될 수 있는 모든 것을 상실하였음을 알았을 때 하느님께서는 애덕을 완성하는 지혜의 은사를 그의 영혼에 내려주셨다.

사랑의 척도는 고통에 대한 인간의 척도다. 성 프란치스코는 비참한 겸손과 가난의 삶을 살았다. 그는 버림받는 것을 경험했고 형제들한테서 오해를 받는 체험도 하였다. 그는 많은 사람들로부터 조롱과 비웃음을 샀다. 그러나 일어나는 모든 것은 하느님 계획의 일부분이었다. 하느님은 그에게 자신을 비우도록 하시려고 그러한 신비로 인도해주셨다. 프란치스코는 완전히 일치할 준비가 되어 있었다. 한번은 기도에 깊이 몰입하고 있을 때 번득이는 빛이 그의 두 손과 옆구리와 발을 파고들었다. 그는 많은 고통을 겪고 사랑을 많이 한 영혼들에게만 주어지는 특별한 은총인 주님의 성혼(stigmata)을 받았다.

제14장 | 의견의 은사

의견(counsel)의 은사는 마치 초자연적 직관력으로써 어려운 사정에 특별히 이루어져야 하는 것처럼 성령께서 우리에게 즉시 정확하게 판단하게 함으로써 지덕을 완성시키도록 자유롭게 주시는 초자연적 주입 덕이다.

현명함(*prudence*)은 우리로 하여금 어떤 목적을 달성하는 데 가장 훌륭한 수단을 찾게 한다. 지덕은 현명한 결정에 도달하기 위하여 과거와 현재의 체험이나 지식의 양자 모두를 평가한다.

그러나 의견의 은사로 성령께서는 우리의 마음을 비추어주시고 즉시 우리로 하여금 무엇을 해야만 하는지 이해하게 해주신다. 예수께서 당신 사도들에게 하신 약속은 이렇게 이루어졌다. "사람들이 너희를 넘길 때 어떻게 말할까, 무엇을 말할까 걱정하지 마라. 너희가 무엇을 말해야할지, 그때 너희에게 일러주실 것이다."[38]

성령강림 후 베드로 사도에게 일어난 일은 바로 이러하다. 산헤드린(Sanhedrin)의 명령으로 체포되고 복음 전파를 금지 당했을 때, 그는 성령께로부터 의견의 은사를 받았기 때문에 즉시 다음과 같이 응답하였다. "사람에게 순종하는 것보다 하느님께 순종하는 것이 더욱 마땅합니다."[39]

■ 의견의 은사의 대상 ● ● ●

의견의 은사의 고유 대상은 특별한 행위를 하기 위해서 무엇을, 언제, 어떻게 할지를 아는 것이다. 이 은사는 특별히 장상과 사제들, 영혼의 지도자들, 부모, 상담 안내자와 그들 자신들의 성성과 다른 이들을 위한 교사들에게도 특별히 필요하다.

때로 내적인 생활과 열심을 통합하는 것, 애정과 사랑 사이(특히 반대 性에서)의 균형을 찾아 끊임없이 정결을 유지하기란 어려운 일이다. 비둘기의 순박성이 어떻게 뱀의 슬기로움과 일치

---

38) 마태 10 : 19.
39) 사도 5 : 29.

될 수 있단 말인가? 의견의 은사가 고유한 행위의 양식을 확립하기 위해 들어오는 장소가 이곳이란 말인가?

우리의 장상들이나 부모들은 어떤 규칙들이 충실히 지켜져야 한다는 것, 특별히 집에서 규율을 지키는 데 본질적인 것들이 충실히 지켜지게끔 한다. 그들은 우리의 신뢰와 애정을 얻으려고 함과 동시에 이 일을 한다. 다른 한편, 영적 지도자들과 목자들은 그들의 지도를 받는 이들과 본당 신자들을 잘 식별하고 지도할 수 있는 특별한 교화를 필요로 한다. 이것은 바로 성소를 지도하고 그것을 계속해가기 위해 교육을 제공하면서 다양한 인간 결점에 접근하고 혼인한 이들과 개인 문제들에 가장 좋은 영적 조언을 해주는 방법이다. 이러한 모든 것들은 의견의 은사를 필요로 한다.

■ 이 은사를 가꾸는 방법 ● ● ●

우리가 한 번 이 은사를 받게 되면, 이 은사를 가꾸는 데 가장 좋은 방법은 깊은 겸손의 의식을 실천하는 것이다. 우리는 우리 안에 계신 하느님의 힘을 인정하면서 우리의 인간적인 약점과 비참함을 인정할 필요가 있다. 그런 다음 우리가 자주 성령께 부탁드리면 그분께서는 우리에게 당신의 길을 가르쳐주실 것이다. "오 주님, 당신의 길을 제게 알려주시고 당신의 행로를 제게 가르쳐주소서."40)

우리는 성령께 귀기울임으로써 인간적인 생각으로 마음을 분산시키지 말고 그분의 빛으로 모든 것을 판단하는 습관을 들여야 한다.

■ 의견의 은사의 효과 ● ● ●

의견의 은사는 지덕을 완성한다.

현명의 덕은 초자연적 윤리 덕으로 모든 순간에 우리의 목적을 성취하는 데 가장 좋은 수단을 택하도록 하여 그것들을 우리의 최종 목표에 종속시키도록 격려한다. 신중하게 행동하기 위해서는 세 가지 조건들을 필요로 하는데, 그것은 분별력 있는 심사숙고와 지혜로운 선택과 자문이다.

현명의 덕은 우리의 의지를 정의의 통제하에 두고 우리의 정열을 절제와 힘으로 다스린다.

현명의 덕은 그것이 질서 안에서 정렬하는(it arranges in order) 하느님께 대한 우리 사랑의 영감과 그것이 움직이는(it sets in motion) 능동적인 힘이라는 이 두 가지 사이에 들어온다. 그것은 초자연적 윤리 생활의 중추를 관리하는 덕이다. 우리의 사랑은 행위로 증명되는 까닭에 현명의 덕은 사랑의 목표를 상세한 행

---

40) 시편 25 : 4.

동으로 변화시킨다.

의견의 은사는 우리의 실제적인 통제력에 관상의 빛을 쏟아준다. 이 은사는 또한 영성 생활에서 우리의 인내에 필수 불가결한 것이다.

우리는 성덕에 확고해야만 한다. 이것은 절제와 정의를 위해 확립되어 있으므로 강한 본성을 지닌다는 것은 여의치 않다. 우리는 또 실제 대상에 대한 초점에 예민한 감각을 전개하지 않으면 안 되고 생애 중에 일어나는 변화들로 쉽사리 동요되어서도 안 된다.

그러나 유연성이 타협을 의미할 필요는 없다. 최고로 중요한 것은 초점을 유지하기 위해 양자택일을 변화로 바꾸는 것이다. 그러나 우리는 본래 선견지명이 없는 까닭에 어떤 어려운 상황에서 우리는 당황하게 될 것이고 자애심(self-love)으로 인해서 우리 자신 안에 멀리 떨어져 있음을 보지 못할 것이다.

우리는 잘 보지 못하고, 본다고 할지라도 우리는 우리 자신에게 올바른 판단을 부여하는 데 필요로 하는 확고함이 결핍되어 있다. 우리는 여전히 우리의 정열과 숨은 원의를 지니고 있으며 솔직하게 행동하지 않고 인내심이 부족하다.

성령께서는 우리의 나약함을 극복해주시고자 개입하신다. 그분께서 우리가 우유부단함으로 다투고 있고 수동적으로 머물 위험에 있음을 아실 때 성령께서는 영혼에게 좋은 의견을 주시어 영혼으로 하여금 하느님의 뜻을 알고 따르게 해주신다.

예컨대 우리가 분노할 경우가 생기면 우리에게 다음과 같은 말씀으로 일러주신다. "참아. 침묵해. 조용히 있어. 감정을 억제해." 때때로 우리는 우리의 충고와 의견을 구하는 사람에게 무슨 말을 해주어야 할지 잘 모른다.

우리는 반성한다. 그러면 빛이 떠오른다. "네가 해야 할 말은 이렇다. 네가 할 일은 이러하다." 가끔 어떤 사건은 우리를 지나치게 자극한다. 하지만 우리를 재교육하고 우리에게 두 번 생각하게 만들며 우리가 행하기 전에 기도하게 하는 것이 있다. 이것이 의견의 은사다.

이 의견의 은사는 우리를 어떤 상황에 급히 돌진하지 못하게 한다. 만일 우리가 쉽사리 게으름에 빠져들면 의견의 은사는 우리로 하여금 행동하게끔 한다.

만일 우리가 무지하면 의견은 우리에게 지식을 추구하도록 강요한다. 가장 중요한 상황에서 우리는 시련과 이해와 운명의 변화를 체험할지도 모른다. 우리는 당황하게 된다. 그때 우리는 마음이 고요를 되찾고 하느님의 응답을 듣는다. "어째서 너는 걱정스러워하느냐? 오늘의 걱정으로 아주 족하다."

성령께서는 촉구하시고 제안하시며 격려해주신다. 한순간에 성령께서는 훈계해주시고 질책해주신다. 다른 때 성령께서는 심판해주신다. 그분은 우리 안에서 선한 것이 무엇이고 약한 것이 어떤 것인지를 말씀해주신다.

■ 의견의 은사의 적용 ● ● ●

때때로 우리가 분노의 악령에 의해 유혹 받는다는 것은 형제적 사랑이 부족하다는 것이다. 우리는 즉시 다른 사람들을 비난하고 우리의 이웃을 비평한다. 우리는 과오를 범하고서야 그것을 깨닫는다. 그러나 아직 우리 안에 끓고 있는 분노의 열기로 말미암아 우리는 우리의 과실을 고치고 사과할 용기를 내지 못하고 있다. 우리는 머뭇거리며 우리의 평화를 잃고 있다. 갑자가 우리 안에서 다음과 같은 말이 들린다. "네가 제단에 예물을 바치려고 하다가, 거기에서 형제가 너에게 원망을 품고 있는 것이 생각나거든, 예물을 거기 제단 앞에 놓아두고 물러가 먼저 그 형제와 화해하여라. 그런 다음에 돌아와서 예물을 바쳐라"41)

만일 우리가 우리 안에서 말씀하시는 성령의 내적인 음성을 따르면 우리는 자유로워진다. 그러나 "다른 소리들(other voices)"은 우리가 그분의 음성을 들으려 하는 것을 괴롭히고 방해할 것이다. 즉, 우리의 소리, 우리 이웃들의 소리 그리고 악마의 소리들이 바로 그런 것들이다. 악마의 음흉한 암시와 가면에 가려진 유혹은 우리를 성령의 음성에 주의 깊게 귀를 기울이지 못하도록 강한 분심을 일으킬 것이다. 그럴 때 우리는 고요를 지키며 좀더 잘 듣기 위하여 마음속 깊이 묵상하고 누구의 소리인지 식별하는 데 스스로 훈련해야 한다. 딴 방법으로는 우리가 훌륭한 영적 지도자로

---

41) 마태 5:24.

지적이고 거룩하며 기도의 영혼이고 식별에서 우리를 도와주는 데 대단한 희생자가 되는 분께 자문을 구할 필요가 있다.

우리는 시에나의 성녀 카타리나의 생애에서 의견의 은사가 적용되었음을 알고 있다. 아주 젊고 아무런 교육적 배경도 없었지만 그녀는 왕자, 임금, 여왕, 장군, 총장, 추기경, 주교, 심지어는 교황한테도 현명한 조언을 드렸다.

이 같은 은사는 1850년대의 거룩한 가정 주부였던 안나 마리아 타이쮀(Anna Mary Taigi)에게 일치되어 나타났다. 그녀 역시 왕자, 법률가, 통치자, 주교, 심지어는 교황과 그녀를 통해 하느님으로부터 빛을 구하던 모든 사람들에게 조언을 해주었다. 그녀는 경건하고 모든 면에서 그리스도와 같았던 때문이다.

회개한 어머니

수잔(Susan)은 4년 동안 세 아이를 낳았다. 고민스러워하던 그녀는 사제에게 피임약의 복용 여부에 대한 의견을 구하였다. 사제는 "복용하라"고 했다. 그런 다음 수잔은 자신과 남편이 원치 않는 임신의 부담을 떨치고 혼인 생활의 즐거움을 꾀하였으므로 사제의 조언을 따랐다.

일정 기간이 지나자 피임약으로 인해 그녀의 건강에 중대한 합병증이 생겨났다. 난소암에 걸린 것이다. 피임약의 복용을 허락해준 사제에 대해 잔뜩 화가 치민 수잔은 미사에도 참여하지 않고 심지어는 더 이상 기도도 하지 않기로 맹세하였다. 그녀가 자신과 타협하고 다른 사람의 조언을 듣기까지는 1년이 지난 후, 성령께 영적 치유와 *의견의 은사*를 청하였을 때다.

한번은 그녀가 그다지 진보적이지도 보수적이지도 않은 한 주교와 대화하는 특전을 가질 수 있었다. 주교는 그녀에게 가톨릭 교회의 공적인 가르침을 분명하게 설명해주었다. 수잔이 명쾌하게 깨닫고 몇 년이 넘도록 느껴왔던 슬픔이 일단 사라지는 해방의 기쁨에, 대단히 훌륭한 고해성사를 보고 용서에 치유가 있음을 알게 되었다.

그녀가 회개하고 한 달이 지났을 무렵 의사는 또다시 그녀의 건강을 진단하였는데 암이 완전히 사라졌음을 알게 되었다! 그때부터 그녀는 가장 효능 있는 **부부 간의 정결**(conjugal chastity)이라는 가족계획법을 사용하기로 결심했다.

그녀는 기도를 통해 삶 속에서 하느님을 다시 찾았다. 전에는 하느님이 바로 이념이었고 또 그녀는 이념을 사랑할 수는 없다고 생각했다. 자기에게 일어났던 일들을 고요히 마음속 깊이 묵상함으로써 그녀는 자신의 삶의 고요 속에서 하느님을 만나게 된 것이다. 그녀가 하느님을 발견하고 얼마나 많은 사랑을 자신이 되돌려 받았는지를 알았을 때 그녀의 기쁨은 대단히 컸다. 하느님을 대한 그녀의 강렬한 사랑은 남편에 대한 그녀의 사랑을 깨끗하고 정결한 애정으로 변모시켰다. 그제야 그녀는 예수, 마리아, 요셉의 성 가정이 참으로 "모범된 가정(model family)"이 되는 이유를 알게 되었다. 그녀와 남편은 이제 서로를 쾌락의 상대로 여기지 않고 존경받고 사랑 받을 인격자들로 대우하고 있다. 의견의 은사의 덕택으로 성령께서는 그녀의 가정에 승리를 안겨주셨던 것이다!

제15장 | 공경의 은사

공경(piety)의 은사는 영혼이 거룩한 기쁨으로 종교적 의무를 완수하도록, 마음 안에 하느님께 대한 자녀적 사랑과 하느님께 봉헌된 이웃과 사물들에 대해 사랑의 신심을 갖게 함으로써 경신의 덕을 완성시키는 은사다.

하느님은 우리의 창조주이시다. 우리는 그분께 은혜를 입고 있다. 우리는 그분께 우리의 존재에 대한 빚을 지고 있다. 창조주이신 그분은 우리의 최고가는 은인이시다. 우리 존재의 모든 것은 그분에게서 받은 것이다. "우리 안에 존재하는 것이 그분으로부터 받지 않은 것이 있단 말인가?" 그러므로 하느님은 우리에 대해 일차적인 권리를 가지신다. *그분은 우리 생명의 창시자시다.*

공경의 은사는 그분을 우리의 탁월하신 하느님으로 고백하는 우리의 모든 의무들, 곧 신심, 기도, 희생, 단식과 절제, 경의와 경배를 하느님께 드림으로써 그분께 정의를 바치는 경신덕의 일면이다.

공경의 은사는 공경 그 자체를 성부께 드리기 때문에 신앙을 하나의 강한 사랑으로 표시한다. 공경의 은사는 아버지의 권리 외에는 스승의 권리나 주인의 권리도 바라보지 않는다. 이 은사는 마음이 함께 하는 신앙이다. 우리가 채권자들에게 보복하기 때문에 우리는 하느님 아버지께 빚을 지불하지 못하고 있다. 정의는 하느님께 양적으로만이 아니고 질적으로 합당한 영예와 존경을 드린다. 아버지에게 어린이는 결코 법으로 예속됨을 느끼지 않고 단지 그의 마음에 크나큰 사랑과 영예의 빚을 느낄 뿐이다.

■ 공경의 은사 ● ● ●

성령으로부터 직접 나오는 효경의 은사는 자녀적 은사다.

성령께서 소유하시는 것은 이것이다. 성령께서는 이 은사로 우리에게 영감을 주시고 고무시키신다. 그러므로 효경의 영은 우리 마음에 예수님이 우리에게 가르쳐주신 기도를 옮겨다준다.

주의 기도에서 우리는 예수님의 자녀적 마음이 그분의 아버지

께 기도하는 것을 본다. "하늘에 계신 우리 아버지 … 아버지의
나라가 오시며 … 아버지의 뜻이 하늘에서와 같이 땅에서도 이
루어지소서 …. 오늘 저희에게 일용할 양식을 주시고 … 저희 죄
를 용서하시고." 이것은 예수께서 당신 제자들이 그들 마음에
머물기를 원하시는 성자의 진심 어린 외침이다. 이 모두는 참으
로 성자의 의한 신적 부성의 위대한 계시다. 부성 안에 있는 관대
성인 것이다!

   "이렇듯이 아버지(Ita Pater) …." "예 아버지!" 효경의 은사는
아드님께서 아버지께 향할 때 아드님의 감동시키는 태도를 드러
낸다. "내가 언제나 그분 마음에 드는 일을 하기 때문이다."[42]
"너희 가운데 아들이 빵을 청하는데 돌을 줄 사람이 어디 있겠느
냐? 생선을 청하는데 뱀을 줄 사람이 어디 있겠느냐? 너희가 악
해도 자녀들에게는 좋은 것을 줄줄 알거든, 하늘에 계신 너희 아
버지께서야 당신께 청하는 이들에게 좋은 것을 얼마나 더 많이
주겠느냐?"[43]

   하늘에 계신 우리 아버지께서는 우리가 필요로 하는 것을 줄
것이다. "하늘의 새들을 눈여겨보아라. 그것들은 씨를 뿌리지도
않고 거두지도 않을 뿐만 아니라 곳간에 모아들이지도 않는다.
그러나 너희의 아버지께서는 그것들을 먹여주신다. 들에 핀 나
리꽃들이 어떻게 자라는지 지켜보아라. 솔로몬도 그 온갖 영화

---

42) 요한 8 : 29.
43) 마태 7 : 9-11.

속에서 이 꽃 하나만큼 차려입지 못하였다."44)

하느님은 악인에게나 선인에게 당신의 해가 떠오르게 하시고, 의로운 자에게나 불의한 자에게 모두 비를 내려주신다. 하느님은 너희가 필요한 것을 아시고 계신다. 숨은 일도 보시는 네 아버지께서 너에게 갚아주실 것이다.45)

예수께서는 우리의 기도가 자녀적이 되고, 하느님의 뜻에 믿음으로 가득하며 공경과 내맡김이 되기를 원하신다.

■ 아버지와의 친교 ● ● ●

효성의 은사를 통해 우리는 하느님 아버지와의 자녀적 통교와 친교에 전념한다. 그러나 우리는 이것을 힘들게 한다. 우리는 생애 중에 효성의 수행을 많이 하며 정해진 때에 시간 전례인 경배의 본분들을 완수한다. 그렇지만 기도는 또한 훈련을 전제로 한다. 우리는 고유한 자세, 몸짓 그리고 말에 열심히 전념한다. 우리는 마음을 분산시키는 데 쓰이는 모든 것에서 우리를 떼어놓는다. 우리의 기도 생활은 언제나 피로와 태만, 타협, 메마름, 공경 부족을 언급하지 않으려는 장애물을 가질 것이다. 그러나 공경의 은사로 성령께서는 우리에게 삼위일체와 신적인 모든 것에

---

44) 마태 6:26, 28-29.
45) 마태 5:45, 6:4.

대한 불타는 사랑을 주신다. 그러면 기도하기가 쉽다. 하느님과의 우리의 친교는 아무런 방해도 보이지 않는다.

매일 우리가 행하는 오랜 효경의 수행은 이젠 더 이상 짐이 되지 않을 것이다. 그것은 우리의 주님과의 깊은 친교로 변화될 것이다.

그리고 성무일도의 초대와 같은 우리의 일상 임무인 우리의 여러 본분들은 이제 의미를 지니게 될 것이다. 일에서 놀이에서 혹은 기도에서 우리가 보내는 모든 순간들은 하느님의 현존 중에 보내질 것이다.

■ 형제적 사랑 ● ● ●

공경의 은사는 다른 이들과 갖는 우리의 관계다. 만일 우리가 하느님의 부성을 알게 되면, 우리는 또한 우리 형제들과 크나큰 사랑을 가지게 될 것이다. 왜냐하면 그들도 역시 하느님의 사랑스런 자녀들이기 때문이다.

"공경의 은사로 형제적 사랑이 있다."[46] 공경의 정신으로 우리는 인간적인 형제애를 이해한다. 결국 우리는 그분의 모든 피조물에 대해서 동일하게 감미롭고 애정이 깃든 아버지와의 관계

---

46) 2베드 1 : 17.

를 가져다줄 것이다.

정의는 단지 너무 냉랭하고 삭막하다. 정의는 "그대의 권리를 행사하여 가던 길을 벗어나시오(Take your due and off you go)"라고 외친다. 같은 아버지의 자녀들로서 애정, 보살핌과 용서는 정의와는 별개의 것으로 보여야만 된다. 효성의 은사는 사회적 관계에서 정의를 원숙하게 한다. 이 은사는 하느님과 사람들 사이에 평화를 확립한다. 이 말은 바로 우리가 거룩한 일들에 종사하고 관상의 정상에 올라갈 때만 풍부한 평화와 늘 평화 중에 있게 될 것이라는 뜻이다.

자녀적 공경은 다른 이들과의 우정을 강화시킨다. 우리는 그들 안에서 하느님의 반영을 보기 때문이다. 그리스도께서는 자녀적 공경은 우리가 "사랑할 수 없다"고 여겨지는 사람들의 성격을 사랑할 수 있게끔 우리에게 가르쳐주신다. *"너희가 내 형제들인 이 가장 작은 이들 가운데 한사람에게 해준 것이 바로 나에게 해준 것이다."*47)

예수께서 친히 불구자, 맹인, 절름발이, 가난한 자, 병든 자, 박해받는 자, 미천하고 병고에 시달리는 자들과 사귀기로 선택하셨다는 것은 당연한 일이다. 여러 가지 인간적인 한계성으로 말미암아 우리는 공경의 은사 없이는 우정을 키울 수가 없을 것이

---

47) 마태 25 : 40.

다. 성령의 은사를 통해서만 우리는 자신들보다도 다른 사람들을 더 존중하고 우리 눈으로보다는 마음으로 그들을 바라보게 될 수 있을 것이다.

■ 은사의 효과 ● ● ●

공경의 은사는 우리의 효심 실행을 촉진시킬 뿐만 아니라 하늘에 계신 아버지를 위한 자녀다운 사랑으로 행동하기 때문에 일상의 의무를 기쁘게 한다. 그 은사는 우리에게 모든 사람을 사랑 받고 기도해줄 영혼으로 보게 만들어 모든 이에게 친절을 베풀게 한다. 이 은사는 우리가 기도와 묵상으로 우리가 개발해야 할 덕행과 피해야 할 악들을 알아낼 때, 우리의 영혼을 강화시켜 준다.

이와 같이 공경의 은사는 우리 안에 있는 온갖 형태의 비참한 것들을 제거하고 그 자리에 부드럽고 거룩하며 따뜻하고 관심 깊은 사고를 점화시킨다.

우리가 공경의 은사를 받으면, 우리 자신을 성령의 살아 계신 궁전으로 만들 뿐만 아니라 우리 마음 안에 바로 하느님의 현존이 늘 충만하심을 의식하게 된다. 우리는 이것을 숨길 수가 없다. 어쨌든 사람들은 꼭 하느님의 선과 현저한 현존을 우리 안에서 감지하게 된다. 그들은 하느님과 함께 한 평화에서 어떤 사람이

지닐 수 있는 은혜, 기쁨, 성취를 잘못 생각할 수가 없다.

캘커타의 마더 테레사의 지혜

한번은 마더 테레사가 어떤 도시에다 사랑의 선교 수녀원을 세워달라는 부탁을 받고 다소 고민에 빠지게 되었다. 그녀는 자매들의 일상 사도직의 책임량이 이미 과중한 부담이 되고 있음을 알고 있었다, 그들은 인원이 부족한 상태였고 과로한 상태였다. 그래서 마더 테레사는 이 문제를 해결하기 위해 자매들의 모임을 소집하였다.

한 자매는 수도회가 그토록 많은 일을 해야 하므로 두 시간으로 배정된 성체 조배 시간을 줄여 딱 한 시간으로 하면 좋겠다는 의견을 제시했다. 어쨌든 그 자매는 일도 사랑으로 하느님께 드리면 기도가 된다고 말했다.

모두가 기쁘게 그 자매의 의견에 찬동했다. 마더 테레사 한 사람을 제외하고는 모든 사람이 동의한 것이다. 마더 테레사는 확신이 서지 않아 이렇게 말하였다. "일이 많은 이들에게 기도가 된다면 이것은 우리 수도회로서는 그렇게 되지 않을 것입니다. 그리스도께서 몸과 피, 영혼과 신성으로 참으로 현존해 계시는 성체 앞에서 흠숭을 대신할 것이라곤 아무것도 없습니다. 명확히 평소에 비해 더 할 일이 있으니 제가 제안하고 싶은 것은 우리의 흠숭 예배로 바치는 시간을 줄이는 대신, 오히려 우리가 평소에 하던 두 시간의 예배 시간을 세 시간으로 늘여야 한다고 봅니다."

마더 테레사의 의견은 옳았다. 공경의 은사는 모든 것을 아주 용이하게 할 수 있다. 그녀의 자매들이 자신들 안에 성령께서 내재하심으로 넘쳐흐르지 않으면, 그들의 보호소에 모여 있는 모든 사람들의 마음과 정신을 어루만져줄 영적 힘을 가지지 못할 것이다.

성 요셉 코톨렝고(St Joseph Cottolengo)와 성 요한 보스코(St. John Bosco)는 이탈리아 토리노에 있는 대수도회의 창립자들이었다. 이 두 성인들은 공경의 은사를 받았다. 성 요셉 코톨렝고는 자기 일생을 지진아들의 복지 사업을 위해 헌신하였고, 성 요한 보스코 성인은 버려진 소년들을 위해 일생을 봉헌하였다. 공경의 은사를 지닌 이 두 성인은 아이들의 삶에서 하느님의 변용된 현존을 체험할 수 있었다.

두 성인은 그들의 사도직의 필요를 위해 많은 시간을 성체 앞에 머물렀다. 그런데 그들의 안에서 은총의 결과는 크게 변화되었다. 성 요셉 코톨렝고는 은총이 찾아와 바로 현관 계단 앞에서 그를 방문했다. 성 요한 보스코로 말하자면 그는 주님께서 그의 공동체를 위해 유보해두셨던 은총들을 모으기 위하여 사람들과 그들이 모여 있는 장소들로 나가야만 했다. 그러면 기증자들이 성 요셉의 현관 계단 앞에 떼를 지어 몰려왔고, 돈 보스코는 사람들이 도움을 청하는 곳으로 순회해야만 했다. 그러나 이것은 한 성인이 다른 성인보다 더 거룩하다는 뜻이 아니다. 이것은 다만 하느님이 우리를 모두 똑같은 길로 인도하시지 않는 것을 보여주실 따름이다.

제16장 | 용기의 은사

책임을 맡은 모든 이는 용기를 필요로 한다.

우리들 모두가 이러저러한 때 대면해야 할 문제는 지구력 (*staying power*)이다. 그것은 책임성을 조절하는 데에 그만이다. 이는 책임(accountability)을 수반한다. 우리의 일이 드높은 권위자에게서 평가받아야 한다면, 우리는 거의 항시 그의 기대에서 멀어질 수도 있고 비능률성으로 인해 해임될 수도 있다는 두려움을 갖게 된다. 일반적으로 동업자들 간의 심한 경쟁으로 인해 거기에는 아주 힘들게 노력하고 있다는 인상을 심어줄 만한 위험성이 존재한다. 결국 우리는 너무나도 피로해져 갑자기 그만두기를 원하고 만다. 그러기에 우리는 성령께 용기의 은사를 청해야만 한다.

■ 용기의 은사 ● ● ●

용기의 은사는 모든 난관에도 불구하고 기쁘고 담대하게 큰 일을 하기 위해 우리의 의지에 힘과 자극을 전해줌으로써 용덕을 완성시킨다.

스테파노는 자기에게 평화와 기쁨으로 순교에 임하도록 하는 용기를 주는 용덕의 은사를 받았다.[48]

우리의 고결한 사고와 열렬한 소원들은 강한 의지가 뒷받침되지 않으면 여의치 않을 것이다. 예수 그리스도께서 친히 이르시기를, *"너희는 무엇을 구경하러 광야에 나갔더냐? 바람에 흔들리는 갈대냐? 아니라면 광야에서 갈대의 약함을 보지 않고 힘센 사람(a man of strength) 세례자 요한의 천둥 같은 목소리였느냐?"*[49]

산상 설교에서 예수께서는 "권위를 가진 분으로 말씀하셨고 율법학자들과 바리사이들과 같지 않으셨다."[50]

예수님은 힘센 분이시다. 겟세마니 동산에서 고초를 견디실

---

48) 사도 6 : 8 참조.
49) 마태 11 : 7.
50) 마르 1 : 20.

만큼 그분은 강하셨다. 예수께서는 아버지의 뜻을 죽음에 이르기까지 따르기에 족할 정도로 강인하셨다. 예수께서는 빌라도와 헤로데 앞에서 증언하실 때 강한 의지력을 보이셨다. 마지막 때에 예수께서는 구원 사업을 완성시키기에 충분한 여력을 인지하시고 "이제 다 이루었다"[51]고 말씀하셨다.

예수님의 힘은 우리가 지닌 모든 힘의 원천이다. 힘센 사람이 집안을 다스리면 집과 집안의 모든 것들을 안전하고 평화롭게 보존한다. 가족을 이길 수 있다는 그것보다 더 큰 유혹은 있을 수 없다.

■ 그리스도인의 용기 ● ● ●

우리가 완덕에 달하고 덕에 성장하기 위해서는 굳센 의지를 지녀야 한다. 우리는 온 마음과 정신과 힘을 다하여 하느님을 사랑해야 한다.

우리 안에 무기력과 소심함이 자리를 차지해서는 안 된다. 때로는 어렵기는 하겠지만, 우리의 힘이 단호하고 흔들림이 없으며 꿋꿋하다면 오로지 영원한 생명에 도달할 것이다. 우리의 생활이 오롯이 영원을 위한 준비라면 우리가 필요로 하는 것은 관대함이다!

이것은 용기의 덕을 처음으로 드러내는 곳이다. 그것은 결코

---

51) 요한 19 : 30.

절망을 따르지 않고 큰 시련과 슬픔 중에서도 계획 따위를 만들어낼 뜻을 품는다. 우리가 무력함을 느낄 때면 하느님은 우리의 영혼을 강화시키고 정화시키신다.

그것은 늘 최선을 희망하며 모든 것을 하느님의 손안에 양보하는 것을 의미하는 반면에 그리스도인으로서 확고하게 우리의 의무를 수행하는 것을 말한다.

이것은 더욱 통례적으로 *인내(fortitude)* 혹은 *그리스도인의 용기(Christian courage)*라 부른다. 이 말의 뜻은 본분에 전념하고 좌절(rebuffs)로 통하는 것이 아니라는 말이다. 일을 시작해서 끈기 있게 끝까지 해나가는 것이다.

그리스도인들인 우리는 생활 규칙을 준수한다. 이것은 공동체, 가정, 사도직이나 다른 어떤 단체 안에서의 내적 생활에서 해야 할 훈련이다. 우리 모두는 의무가 있고 그 의무들은 용기와 인내를 필요로 한다.

크리스천 용기의 또 다른 측면

첫 번째 것보다 비록 공로에서는 좀더 적게 만족하고 좀더 어렵긴 하겠지만 크리스천 용기의 또 다른 측면이 있다. 그것은 물리적이고 윤리적인 고통을 참아 이기는 용기다.

우리의 신앙으로 말미암아 비롯되는 정신적인 압박감, 곧 양심의 가책(scruples), 육신의 피로(lassitude), 권태(boredom), 우울(depressions)과 같은 것을 견뎌내는 힘이다. *"내 마음은 죽음에 이를 정도로 슬프다"*[52]고 우리 주님께서 말씀하신다. 마음의 고통은 때로 온 세상을 파멸시킨다.

참으로 모든 그리스도인의 생활은 고통의 생활이다. 이러한 고통은 우리의 죄와 나약함과 우리 주변의 사람들에게서 나온다.

우리는 모든 곤궁한 일들을 견뎌내고 모든 악을 거절하며 하느님께 의지하고 우리 영혼을 지배하며 하느님의 평화 속에 머무는 용기를 필요로 한다. "우리는 고통 안에서 우리의 영혼을 소유할 것이다."[53]

절대로 포기하지 말고 끊임없이 하느님의 뜻을 행하며 영원한 생명의 공적을 쌓는 일은 용기의 업적인 것이다.

■ 용기의 필요성 ● ● ●

우리의 마지막 운명에 도달하고자 힘쓸 때, 위험들은 너무나 크고 작업은 엄청나서 우리가 두려움으로 떨게 되는 모든 이유를 갖게 된다. 우리는 때때로 우리 자신의 힘과 소망에 맞추어 늘 생활해갈 수 있다고 생각한다.

---

52) 마태 36 : 28.
53) 루카 21 : 19.

우리의 체험은 우리를 얼마나 잘 가르치고 있는가! 고해성사를 잘 보고 피정을 잘 마치면, 우리는 몇 가지의 좋은 결심을 하고 기도 중에 하느님께 도우심을 청하며 *우리의 묵은 자아로 되돌아가지 않기 위해* 순결하고 거룩해지기를 원한다!

분명 우리는 하느님의 도우심을 필요로 한다. 성령께서 우리를 구하러 오실 때, 우리는 우리의 최종 목적지이신 하느님께 이르기 위해 우리의 약함과 한계성을 질식시키는 영적인 힘을 충분히 받는다.

■ 용기의 은사의 효과 ● ● ●

용기의 은사 효과는 여러 가지다.

용기는 모든 두려움을 몰아낸다. 처음에 사도들은 극도로 두려워하고 겁도 많았다. 예수께서 십자가에 못 박히실 때, 모든 사도들은 공포에 질려 도망쳤다. 심지어는 베드로 사도까지도 하인 앞에서 벌벌 떨었다.

그러나 성령의 은사를 받고 나서부터 베드로는 "우리로서는 보고들은 것을 말하지 않을 수 없습니다."[54] 그리고 또다시 "사람에게 순종하는 것보다 하느님께 순종하는 것이 더욱 마땅하니

---

54) 사도 4 : 20.

다"⁵⁵⁾라고 용감하게 주장하였다.

지혜의 은사와 용기의 은사를 통하여 예수님의 추종자들은 그들의 목숨을 기꺼이 포기하고 새 교회를 위해 자신들의 피를 봉헌하였다.

용기는 우리들에게 능력을 준다. 예수 그리스도를 생명으로 다시 소생시킨 바로 그 같은 힘은 성령께서 우리 안에서 생명을 얻도록 사용하시는 것과 같은 힘의 원천이다. *"죽은 이들의 부활이 없다면 우리의 시련, 비참, 어려움들이 헛되었을 것입니다."*⁵⁶⁾

하느님께 신뢰하시오. 우리 영혼이 하느님을 향하여 도우심을 빌고 용기의 은사를 받으면, 성령께서는 우리를 굳세게 해주시고 우리 영혼에 전적인 신뢰심을 베풀어주신다. 이것은 우리에게 그 어떤 상황에도 대처케 하고 모든 어려움들을 견뎌내게끔 한다.

우리는 전방에 있는 위험을 대처할 대담함을 얻어 우리의 보호를 하느님의 손에 맡겨드리는 고로, 모든 본분들을 성취할 수 있는 신뢰심을 얻는다. 성 바오로는 죽음도 생명도 다른 어떠한 것도 우리를 그리스도의 사랑에서 떼어놓을 수 없다는 것을 확신한다고 말했다.⁵⁷⁾

---

55) 사도 5 : 29.
56) 1코린 15 : 12-14.
57) 로마 8 : 35.

전적인 신뢰는 성 바오로의 생활에서 명백하다. 사도는 자신의 약점을 인정하면서 "나에게 힘을 주시는 그분으로 말미암아 나는 모든 일을 할 수 있습니다"[58]라고 말한다.

용기는 우리를 승리로 나아가게끔 한다. 사탄은 시기심으로 인해 그 누구도 하느님께 찬미와 영예를 드리는 천국에 이르기를 원치 않는다. 그 자는 우리의 모든 영적 수행이 실패하도록 하는 데 최선을 다해 노력한다. 그러나 우리는 악마가 삼위일체의 세 번째 위격인 성령의 힘에 반대되는 것을 할 수 없다는 것을 안다.

성령께서 어떤 사람의 영혼을 소유하여 그에게 용기의 은사를 내려주시면 그 사람에게 의무와 곤란과 고통에서 승리할 수 있게끔 하신다.

우리의 영혼이 제아무리 약하다 할지라도 용기의 은사를 받게 되면 우리의 영혼은 탁월해진다. 영혼은 순명에 충실하고 거룩함과 완덕에 거슬리는 온갖 장애물을 이겨낸다.

용기는 승리를 거둔다

프랑스에서 초대 그리스도교인들의 박해 중에 성녀 잔다르크(St. Joan of Arc)는 전쟁터와 법정에서 신자들을 용감하게 변호해주었고 자신의 생명에 반하는 위협과 위험에는 무관심하였다.

---

58) 필리 4 : 3.

그녀는 하느님의 도우심을 완전히 신뢰했다. 화형으로 죽을 때, 그녀는 가슴에 십자가를 꼭 끌어안고 "예수님!"을 부르짖는 사이 맹렬히 타오르던 불길은 용맹한 그녀의 모습을 태워버렸다.

돈 보스코의 모범

우리는 거룩한 순명의 은혜가 내려지는 사람들로부터 우리에게 주어진 어떠한 과제나 책임도 거절해서는 안 된다.

성 요한 보스코는 예수성심의 대성전을 건축하기 위해 로마에서 교황 비오 9세의 말씀을 청취하였다.

그가 교황 성하의 원의를 은인들에게 말해주었을 때, 성인은 복합적인 반응을 얻었다. 자연히 모든 것을 물질적이고 경제적인 관점에서 가늠하는 경제 관리자는 반박을 가했다. 그가 볼 때는 그러한 계획으로 그들이 아직 토리노의 그리스도인들의 도움이신 성 마리아 대성전 건축에서 지불해야 할 빚을 고려하는 그러한 전망에 몰두하는 것은 현명하지 못했다. 이 토리노의 도움이신 성 마리아의 대성전은 신자 은인들과 그들 수도회의 자원을 모두 고갈시켰다.

돈 보스코는 이 새로운 책임에 따르는 결과와 노력과 어려움들을 알고 있었다. 그렇지만 그는 아직도 모든 명령이 하느님의 뜻을 드러내는 법적 장상들한테서 나오고 있음을 믿었다. 그는 하느님께서 결코 깨달을 수 없는 명령을 내리시지 않는다는 것을 신뢰하였다.

용기의 은사는 성인 안에서 일하시어 단기간에 성심의 대성전은 건축되어 같은 교황 비오 9세에 의해 봉헌되었다.

전 투

우리는 **항시** 전투 중에 있다.

한 번은 바로 사제가 되기를 원함으로 수품될 수 있다는 생각을 하고 있던 친구 하나가 있었다. 그가 추측하던 신학교 생활은 자신이 많은 노력을 하지 않아도 충분히 해낼 수 있을 것이라 여겼다.

그는 시련기의 중심에 처해 있을 때 적으로부터 온갖 종류의 심한 유혹을 받았다. 건강이 악화되어 자신의 성소를 포기해야 할 것만 같았다. 아침 일찍 기상해서 미사에 가고 성무일도를 바치고 강의에 참석하고 육체노동을 하며 운동하고 잠자는 신학교 시간표는 그에게 싫증나는 일상의 과정이었다.

5년간의 신학교 생활을 마치고 나서 신학교를 견뎌내야만 하는 모든 것이 그에게는 비위에 거슬렸다. 그는 하느님께 평생 봉헌자로 남기로 약속드렸음을 알고 있었지만, 자신이 신학교에 머무는 것이 왜 그렇게 어려운지 도무지 이해할 수가 없었다.

왜 그는 하느님께 약속한 것을 따를 힘이 없었던가?

이것은 대표적인 영적 투쟁의 한 사례다! 여러 가지 상황에서 일지라도 우리는 모두 다 똑같은 면을 느낄 수 있다. 그래서 우리는 성령의 용기의 은사를 청해야 한다. "성령을 통하여 여러분의 내적 인간이 당신 힘으로 굳세어지게 하신다."[59]

---

59) 에페 3 : 16.

제 4 부

우리의 영적 친구들과 그 외의 것들

제17장 | 성 미카엘 : 우리의 수호자

거룩한 천사들의 내력은 초대 그리스도교 시대에까지 거슬러 올라간다. 사람들은 안내와 보호로 그들을 우러러보고 있다. "인류를 안내하고 어려움에서 사람을 일단의 심각한 손해에서 보호해주는 직책인 천사들에게 위탁하시오."[1] 『성경』은 "그분(하느님)께서는 당신의 천사들에게 명령하시어 네 모든 길에서 너를 지키게 하시리라"[2]고 확증하고 있다.

그러나 우리가 가장 높은 존경을 드리는 천사는 성 미카엘이

---

1) *St. Michael and the Angels* (illinois : TAN Books Publishers, Inc. 1983), p.13.
2) 시편 91 : 11.

다. "하느님을 닮은(like unto God)"이라는 의미를 지닌 *미카-엘(Micha-El)*은 사탄이 이끄는 반역에 답하여 착한 천사들을 불러모으는 대천사였다. 여기서 사탄은 하느님과 너무나 같아지고 싶어했다.[3]

사탄은 성 미카엘 앞에서 부들부들 떨었다. 이 대천사에게 "천사들은 재빨리 순종한다."[4] 그들은 하느님의 뒤를 따라, 은총 안에서 그들의 인내와 영원한 행복이 그에게서 입은 덕이기 때문에 매우 기꺼이 그리고 감사히 그의 주권을 인정한다 "그들은 그의 명령과 규정에서 그들의 최고의 주님이시고 임금님이신 하느님의 뜻을 인정하기 때문에 그의 가장 작은 소원에도 주위를 기울인다."[5]

죠반니 카발로치(Giovanni Cavaloci)가 쓴 『훌륭한 전투(*La Buona Battaglia*)』라는 책에 이런 말이 있다. 사탄을 쳐 이기는 제1의 도구는 성령의 힘과 복되신 동정 마리아의 중재를 통한 그리스도의 십자가다. 그러나 그리스도와 그의 거룩하신 어머니의 "실행적(executive)" 힘, 즉각적인 힘은 하느님께 충실한 모든 천사들의 수뇌인 *성 미카엘 대천사*다.

성 바오로는 우리가 싸울 상대는 인간이 아니라 이 어두운 세

---

3) 묵시 12 : 7-9.
4) *St. Michael and the Angels, Op. cit.*, p.66.
5) 위의 책.

계의 지배자들이라고 말한다.[6) 이 지배자들은 곧 *악령들*이다. 그런데 이러한 악령들을 대항하는 인간의 싸움에서, 성 미카엘은 우리를 이 지옥의 무리들에서 구원해주러 온다. "우리는 이 무서운 악질들에 맞서는 치료제로 이 영광스런 왕자의 도움을 호소하라고 재촉한다. 그는 … 루치펠을 굴복시켜 끝없이 깊은 심연으로 내쫓으셨다."[7)

3세기 전 성 프란치스코 살레시오는 "성 미카엘은 하느님의 권리를 경멸하는 것, 불순종과 회의론 그리고 불성실에 대한 가장 좋은 구제책이다"[8)라는 글을 남겼다.

■ 우리의 수호자, 성 미카엘 ● ● ●

그레고리오 교황은 말하기를 천사들은 그들의 기능을 통해 더 많이 알려질 수 있다고 했다. 그래서 우리는 그들을 우리의 보호자, 지도자, 수호자로 간주한다. 다니엘서에는 "하느님 백성의 자녀들을 대표하는 일품 제후 천사는 미카엘"[9)이라고 나와 있다. 이 대천사는 이스라엘 백성이 약속의 땅으로 가는 동안 사막에서 그들을 보호해주고 도와줌으로써 그들을 대표한다. 주님께서는 이스라엘인들에게 "보라, 내가 너희 앞에 천사를 보내리라"고

---

6) 에페 6 : 12 참조.
7) *St. Michael and the Angels*, p.67.
8) 위의 책.
9) 다니 10 : 13.

말씀하셨다.[10)]

성 알폰소 리구리오의 저서 중에는 임종 때 미카엘의 도움을 구하는 글이 보인다.

한때 어떤 귀족이 여러 해 동안 악한 생활을 해오고 있었다. 이 가엾은 친구는 자기가 죽어 가는 것을 알게 되었을 때 심한 양심의 가책을 느꼈음에도 어떤 조언이나 지도도 받으려 하지 않고 완고하게 거절하였다. 그런데 이 사람은 성 미카엘 천사에 대해 존경심을 가지고 있어 자비하신 우리 주님께서는 거룩한 대천사로 하여금 이 가엾고 불쌍한 영혼을 보살펴주는 것을 허락하셨다. 성 미카엘은 이 사람에게 나타나 그의 길을 고치라고 말했다. 간단히 말해 도미니코 수도회 사제 두 사람은 어떤 낯선 사람이 그들을 불러내더라는 것을 말하기 위해 그에게 왔던 것이다. 환자는 이 일을 천사의 작업으로 인정했다. 그리고 나서 그는 자신의 모든 죄를 고백하고 눈물을 흘리면서 성체를 받아 모신 후 평화롭게 임종했다.[11)]

영적 투사여, 이러한 본보기에서 배울지니라!

우리는 전례주년에서 "이 세상에서 영원에 이르는 우리의 여행에서 우리 영혼들의 수호자 성 미카엘 대천사시여 …"[12)]라고

---

10) 탈출 23 : 20.
11) *St. Michael and the Angels*, p.78.

독서한다. "성 미카엘은 우리가 영원한 문을 통과하여 안전하게 보일 때까지 계속해서 도와주신다."13)

이 대천사는 아주 많은 면에서 존경을 받아왔다. 1114년에 에텔레드(Ethelred)는 선언하기를, 성 미카엘 축일 전 3일은 엄격한 단식의 날들이어야 한다고 했다. 중세기에는 특별히 기사들이 성 미카엘 대천사에게 자신들을 봉헌하였다. 프랑스의 해방자 성녀 잔다르크는 자신의 소명과 승리들을 성 미카엘 대천사에게 돌렸다.

이 영웅들이 성 미카엘 대천사에게 자신들의 생활과 업적들을 봉헌했던 것과 같은 양식으로 그런 완덕을 갈망하고 있는 우리들도 그와 같이 우리를 악마의 계략과 교활함에서 늘 지켜주시도록 그의 도움을 구해야 한다.

성 미카엘에게 드리는 기도

1882년 교황 레오 13세는 추기경들과 미사성제를 집전하실 때, 갑자기 황홀 상태로 바닥에 주저앉으셨다. 의사들은 교황의 맥박이 뛰지 않는 것을 보고 돌아가실 듯한 두려움에서 도와드리려고 급작스럽게 그에게 다가갔다.

---

12) 위의 책.
13) 같은 책, 76쪽.

그러나 성하는 의식을 되찾고 말씀하실 수 있게 되었을 때 크게 감동하셔서 다음과 같이 외치셨다 : "오. 얼마나 무시무시한 모습을 나에게 볼 수 있도록 해주셨는지!" 영적으로 사탄과 그 악마들의 무시무시한 활동들과 교회를 파괴하려는 그들의 노력을 교황은 보았던 것이다.

그러나 위로의 장면이 잠깐 그에게 나타났을 때 영광스런 성 미카엘은 모든 마귀들을 깊고 깊은 심연의 구렁텅이로 내쫓아버렸다.

교황은 이 투사(鬪士)-대천사를 경하하는 뜻에서 다음의 기도문을 지으셨다.

대천사 성 미카엘이여, 우리의 싸움을 지켜주소서. 사탄의 악의와 올무에서 우리를 안전하게 구해주소서. 겸손하게 청하오니, 하느님, 그 자를 꾸짖으소서. 오 천상 군대의 군주이신 대천사 미카엘이여, 저승의 사탄과 영혼들의 멸망을 노리며 온 세상을 배회하는 모든 악의 세력들을 하느님의 힘으로 옭아매소서. 아멘.

모든 영적 투사들은 이 기도를 습득하여 그들이 최전선에 나갈 때마다 이 기도를 열심히 드려야 할 것이다. 이 기도는 악마의 현존에 대적하는 성 미카엘로 하여금 우리를 그의 도구로 이용하면서 앞장서게 할 수 있다. 우리는 성 미카엘이 전투에서 얼마나 쉽게 루치펠을 쳐부수는지 놀라게 될 것이다.

■ 성모님의 종이며 투사인 성 미카엘 ● ● ●

교회의 가르침은 마리아가 성삼위로부터 천상과 지상의 여왕으로 관을 받으셨다고 우리에게 말해준다. 마리아는 당신 아드님이시고 임금이신 예수님 곁에서 통치하고 계신다. 성모님의 지배력은 천상과 지상 그리고 저승에 이르기까지 모든 곳에 두루 미친다. 그러므로 천사들은 성모님께 복종하고 성모님의 규범을 조건 없이 받아들인다. 성모님의 명령을 실행하는 것은 천사들의 가장 큰 기쁨인데 성 미카엘은 그들 중에서도 가장 열성적이다.

창세기 3장 15절은 뱀과 복되신 어머님이신 여인 사이의 영원한 불화에 대해 말하고 있다. 『묵시록』 12장에서 용(龍)은 하느님의 계명과 복음에 충실한 모든 사람들과 어떻게 싸우려 하는지를 기술하고 있다. 여인이 아이를 해산할 것을 알고 있던 용은 그녀를 추적하려 하지만 여인은 독수리의 힘센 두 날개를 받아 원수의 발갈퀴(claw)에서 피해 달아난다. 여인의 추적에 실패한 용은 교회에 대항하여 격노한다. 복되신 성모 마리아는 복자 마리아 아그레다(Mary Agreda)에게 "어떠한 인간적인 말의 힘으로도 너는 이 사멸할 인생에서 교회에 대항하는 … 루치펠의 … 해악을 글로 적는 데 결코 성공하지 못할 것이다"라고 알려주셨다. 그리고 그 악마의 추종자들의 수는 "바다의 모래알만큼" 많고 "그 자는 이 세상 곳곳에 있는 모든 나라들을 잘못으로 이끌기 위해 나타날 것이다."14)

마리아는 이 싸움에만 계시지 않는다. 마리아는 천사들을 당신 원하심대로 명하시고 계신다. "하느님의 모친은 하느님의 군대들의 장군이시고, 천사들은 영광스런 군대들을 이룬다. 이처럼 그들은 그녀의 병사들이다 …. 그리고 창조의 시초에 그들은 루치펠과 배반자 천사들과 맞서 그녀의 영예를 위해 씩씩하게 싸웠다 …."15)

"그때 하늘에서 전쟁이 벌어졌습니다. 미카엘과 그의 천사들이 용과 싸운 것입니다. 용과 그의 부하들이 맞서 싸웠지만 당해내지 못하여 하늘에는 더 이상 그들을 위한 자리가 없었습니다. 그리하여 그 큰 용, 그 옛날의 뱀, 악마라고도 하고 사탄이라고도 하는 자, 온 세계를 속이던 그 자가 떨어졌습니다. 그가 땅으로 떨어졌습니다. 그의 부하들도 그와 함께 떨어졌습니다."16)

성 미카엘의 개성과 역할에 관한 『묵시록』의 말씀이 제아무리 단편적이라 하더라도 그것은 매우 분명하다. 그는 하느님의 신성한 권리를 수호하는 대천사다. 그는 하늘의 제후들 중의 한 분으로17) 교회의 수호자로 지정되었고 그런 이유로 "교회의 보호

---

14) 같은 책, 87쪽.
15) 같은 책, 94-95쪽.
16) 묵시 12 : 7-9.
17) 유다 1 : 9.

자"로 선포되었다.

우리는 이러한 천사인 그에게 청해야만 하고 또 모든 천사들은 우리에게서 악마의 온갖 흠과 자국들을 틀림없이 없애주실 분들이다.

제18장 | 성사들

영적 투쟁의 과정에서 우리는 이미 바라던 대로 하느님께서 우리에게 주신 다른 효과적인 무기를 알아둘 필요가 있다.

그리스도께서는 우리 모두가 늘 깨어 있기를 원하신다. 왜냐하면 "우리는 그 날과 시간을 모르기"[18] 때문이다. 이 같은 일은 "원수들이 네 둘레에 공격 축대를 쌓지 않도록"[19] 최대의 능률을 권하는 우리의 복되신 성모 마리아와 함께 함이 올바르다.

하느님과 그분이 우주와 갖는 관계들을 다루는 학문인 신학은

---

18) 마태 24 : 36.
19) 루카 16 : 43.

우리에게 다음과 같은 가르침을 주고 있다.

첫째 : *모든 진리를 믿어라.*

이러한 진리들은 예언자들이 우리에게 계시하고 그리스도께서 확증하시며 당신 교회를 통해 사도들로부터 우리에게 가르쳐 주신 것이다. 이러한 진리는 우리를 위해 사도 신경에 요약되어 있다.

둘째 : *우리가 해야 할 것*

우리의 믿음에 행동이 따르지 않는다면 그것은 죽은 믿음인지라 우리가 수동적으로만 믿는 것으로는 충분치가 않다. 그러므로 우리를 행동하게 만드는 그때만이 우리의 믿음은 의미를 지니게 될 것이다. 이 말은 하느님의 계명과 그리스도의 원의하심을 따르는 것이 믿음에 참된 의미가 있음을 그분 교회의 가르침을 통해 우리에게 알려주셨다는 뜻이다.

셋째 : *하느님이 우리에게 주시는 도움.*

흔히 우리의 신앙 탐구는 우리를 낙담에 떨어지도록 유혹할 것이다. 때때로 드높은 신적인 진리는 유한한 인간 지성 작용(intelligence)에 무거운 짐을 지운다. 특별히 사랑의 법인 도덕법(Moral Code)은 연약한 우리 인간성의 애착과는 너무나 반대된다. 그렇지만 하느님의 은총으로 그분께서는 친히 우리가 믿고 행동하도록 도움을 주실 것이니 이 낙담은 절망으로 이끌지 않을 것이다.

성사들은 바로 하느님의 성화 은총(sanctifying grace)의 원천이므로 그리스도께서 도와주시는 가장 뚜렷한 표시다.

■ 성사의 본질 ● ● ●

성사에 대한 명확한 정의는 "그리스도께서 은총을 주시기 위해 제정하신 눈에 보이는(outward) 표지"[20]다. 그런데 거기에는 외적인 표지로 알려진 어떤 것이 있단 말인가?

외적 표지들은 하느님이 "몸과 영혼이라는 질료적이면서 영적인 일치를 통해" 우리 인간성과 관계하시는 방법들이다.[21] 이렇게 하느님은 "당신의 보이지 않는 은총을 우리의 물리적 신체가 감지할 수 있는 물질적 표상을 통해 영적 영혼들 안에 전해준다."[22] 성 요한 크리소스토모는 이렇게 말하였다. "만일 당신이 육체 없이 존재한다면, 하느님은 당신에게 단순하고 영적인 선물을 주셨을 것이다. 당신의 영혼은 육체와 하나가 되었으므로 하느님은 당신에게 영적 선물들을 눈으로 볼 수 있는 것들로 주신다."[23] 물리적 성사를 제정하시는 두 가지 요소가 있으니, 거

---

20) Leo J. Trese, *The Faith Explained* (Manila ; Sinag-Tala Publications).
21) 위의 책, 242쪽.
22) 위의 책, 243쪽.
23) *Analysis of the Catholic Doctrine, Op. cit.*, p.12.

기에는 "질료(matter)"와 성사의 표지라고 하는 *물질 그 자체* (*thing itself*)가 있고, 행해지고 있는 것에 대해 의미를 부여하는 *말씀과 거동들*(*gestures*)이 있다. 이를 일컬어 "형상(form)"이라고 한다.

외적 표징에 따르는 내적 은총은 하느님만이 하실 수 있는 것이다. "*그리스도께서 제정하신*" 정의로써, 성사라는 것은 그리스도께서 권한을 주시어 위임받는 것이고 그것도 그리스도께서 봉사자가 아닌 성사의 제일 창시자라는 것을 우리는 알고 있다. "성사적 행위는 그 첫 자리에 그리스도의 행위와 연관된다. 교회의 봉사자들은 단순히 그리스도의 도구들에 불과하다."[24] 그리스도는 이 지상의 봉사자들의 목소리와 손을 통한 모든 성사들의 주요 봉사자(Principal Minister)이시다."[25] 예컨대 성사를 집행하는 사제가 거룩하지 않을 때, 성사가 그 위엄을 상실한다고 가혹하게 판단하지 말 것이다. "성사의 유효성은 정통성이나 인간 봉사자의 은총 상태에 좌우되지 않기 때문이다."[26] 성 아우구스티노는 이것을 다음과 같이 말하면서 확증하였다. "세례를 베푸는 사람이 베드로 혹은 바오로 아니면 유다나 누구이든 간에 세례를 베푸시는 분은 그리스도이시다."[27]

---

24) *Church and Sacraments*, p.45, 55.
25) *Analysis of the Catholic Doctrine*, p.45.
26) *Church and Sacraments*, p.47.
27) *Analysis of the Catholic Doctrine*, p.16.

"*은총을 주는 것*"이라고 정의함으로써 우리는 성사의 본질적인 목적을 알게 된다. 성사가 은총을 자동적으로 방출하지 않으면, 그리스도께서 친히 제정하셨다고 해도 그것은 성사가 아니다. 하나의 좋은 예가 성목요일의 발 씻김 예식인 명령(*mandatum*)이다. 이것은 마지막 만찬 때 그리스도께서 제정하셨지만, 이 예식만으로는 은총을 베풀지 않는다. 그것은 준성자(準聖事, sacramental)로만 남아 있다.

특히 참회성사와 성체성사 같은 성사를 받는 것은 악마에 대항하는 우리의 일상적인 전투에서 매우 본질적인 것이다. 우리는 원수가 강하고 인간적인 힘만으로는 그의 지옥의 힘에는 상대가 되지 않는다는 것을 알고 있다. 그자를 대항하여 승리를 거두기 위해서는 우리는 하느님이 우리에게 제공해주시는 무기로 무장해야만 한다.

또한 우리는 하느님의 영적인 검투사들처럼 깨어 있어야 한다. 성사들은 가장 훌륭한 우리의 방패물들 중의 하나다. 이것들은 우리를 악하고 비열한 모든 것에서 보호해줄 것이다.

왜냐하면 성사들의 목적은 바로 "인간을 거룩하게 하고 그리스도의 지체를 건설하며 하느님께 경배를 드리기 위한 것이기 때문이다."[28]

---

28) *Church and Sacraments*, p.50.

■ 수여되는 은총 ● ● ●

첫째로 그러면서도 가장 중요하게 성사들은 우리에게 성화은총을 베풀어준다. 성화은총은 놀라운 초자연적인 삶, 곧 "하느님의 사랑의 결과로 하느님 자신의 생명에 참여함(sharing-in-God's-own-life)이며 성령께서 영혼에 머무시는" 것이다.[29]

성화은총은 우리가 세례를 받는 날 우리에게 주어진다. 그러면 우리는 하느님의 자녀가 되는 것이다. 전에는 우리의 원죄로 인해서 우리 영혼이 하느님의 이 같은 선물에 문을 닫아걸고 있었다. 세례를 통해 우리 영혼은 넘치는 하느님의 사랑에 개방되어 하느님과 우리 사이의 일치를 확고하게 다진다. 우리가 대죄로 인해 하느님의 은총이 끊기게 되면, 참회 성사는 우리 안에 잃었던 성화 은총을 회복시켜준다. 이 두 가지 성사는 영혼이 "영적으로 죽을" 때 받을 수 있기 때문에, 때로는 이 성사들을 죽은 이들의 성사들(sacraments of dead)이라고도 부른다.

다른 다섯 가지의 성사들인 견진성사, 성체성사, 병자성사, 성품성사와 혼인성사들은 우리의 성화은총들을 증가시킨다. 이러한 성사들은 이미 우리의 영혼 안에서 성화은총의 영적 생활을 깊게 하고 강렬하게 만든다. 우리가 각각의 추가적인 성사들을 받을 때(우리가 할 수 있을 때), 우리 영혼의 활력 수준 역시 더

---

29) *Trese*, p.245.

해간다. 하느님의 사랑은 무한한 관계로 그 사랑이 증가하는 것이 아니라는 것은 우리가 알고 있지만, 자라나는 것은 그분의 사랑에 몰두하는 우리의 능력인 것이다. 이 다섯 가지 성사들은 우리가 성화은총의 상태에 있을 때는 오로지 그 성사들을 가치 있고 결실 풍부하게 받을 수 있기 때문에 종종 *생명의 성사*라고 일컫는다.

성사들은 예식 중에 사용되는 말씀마다 뚜렷한 영적 효력을 드러낸다. 그것들은 성사들이 부여하는 은총을 의미한다. 즉, "나는 당신에게 세례를 줍니다 …", "나는 당신의 죄를 사합니다 …"의 경우처럼 말이다. 이 은총을 성사적 은총이라고 한다. *성사적 은총*(sacramental grace)은 "특별한 조력 성총(혹은 도움의 은총, actual grace)에 대한 요청이다." 이것은 각각의 성사가 우리에게 부여하는 특별한 종류의 도움이다.

은총(성화의 은총과 성사의 은총)의 증여 외에도 성사들 중에서 세 가지에 대해 특별히 다른 효력이 언급되어야 한다. 그것은 세례, 견진, 성품성사로 우리 영혼에 날인된 인호(印號, character)다. 이 개별적인 표는 신학자들에 의하면 전에는 소유하지 못했던 영혼의 능력들에 부여하는 "성질(quality)"이라고 정의된다. 그것은 영혼의 영속적인 성질이며 영원히 하느님과 천사들과 성인들에게 보여드리게 될 영혼의 변성(變性, alteration)인 것이다. 이 표는 또한 우리에게 천상에서 더욱 큰 영광을 주든지 아니면 지옥에서보다 더한 수치를 안기기도 할 것이다.

■ 중요성 ● ● ●

성사에 대한 우리의 지식은 우리의 영신 전쟁에서 승리를 거두는 데 최고로 중요한 것이다. 그렇지만 악마는 우리가 은총을 얻을 기회를 뺏어버리면서 우리에게 성사의 가치와 의미 그리고 목적을 바라보지 못하도록 눈을 가린다.

종종 "예식들(rituals)"과 그 "상징들(symbols)"은 더 이상 우리에게 아무런 의미도 주지 못하고 있다. 우리가 신비를 꿰뚫을 수 있는 능력이 없기 때문이다. 우리는 다음과 같은 이유로 말미암아 그러한 것들의 의미에 대한 이해를 상실했다:

■ *과학 기술(Technology)*은 우리에게서 기름과 물, 빵과 포도주와 같은 것들에 대한 자연스런 관심과 이해를 제거한다.

■ *매체(media)*는 우리의 도덕적 가치를 더럽힌다. 속임수의 광고들을 통해 옳고 그름에 대한 우리의 감각은 파괴된다.

성사들이 유효하고 타당하게 받아들여질 수 있을지라도 그것은 불완전한 성향으로 인해 작은 결실을 맺는다. *경솔한*고백과 소홀한 영성체는 이러한 은총들에 대해 무관심으로 이끌 수 있다.

빈번한 성사 생활은 성덕으로 이끈다. 그리고 거룩함은 악마가 무너뜨리기에 무력한 강한 작살이다. 만일 우리가 원수와의 영적 투쟁에서 승리하기를 원한다면, 성사들은 우리가 보호받아야 하는 갑옷들이다. "성사의 거룩함은 우리의 전적인 이해력을 능가한다. 그것은 은총의 샘이고 은총은 그리스도의 값진 성혈의 열매다."[30)

■ 세례성사(Baptism) ● ● ●

세례성사로써 우리는 원죄의 물듦에서 깨끗해지고 은총의 생명으로 태어나는 영적 재생의 가치를 얻는다.

아기가 세상에 태어나면 그 영혼은 초자연적으로 죽은 상태이지만 자연 생명은 완전하다. 아기는 그 인간성에 절박한 모든 능력(그 중에 어떤 것은 아직 개발되지 않은 것도 있음)과 힘을 지니고 있다. 어린이는 자신의 감각들에 대해 전적인 통제력을 가지고 있으며 보이지 않는 사고력과 기억력과 사랑할 힘을 갖고 있다.

아담이 즐기던 초자연적 삶은 *성화은총*(*성성의 은총* 또는 *상존성총, sanctifying grace*)이라고 부른다. 하느님의 계획에 따라 성화은총은 아담이 그의 순종을 통해 후손들에게 전해주어야만

---

30) *Analysis of the Catholic Church*, p.19.

하는 유산이었다. 이 은총은 인간이 본성상 자격이 주어져 있는 것이 아니었다. 그것은 완전히 부당한 선물이었고(지금도 그렇다) 하느님께서 아담을 통해 인류에게 주신 굉장한 "인센티브"였다. 그것은 아담이 잃어버린 하느님의 선물이었다.

그러나 하느님은 당신의 무한한 사랑으로 우리에게 개별적으로 성화은총을 얻을 기회를 주시고자 했다. 아담이 온 인류를 위해 얻어주지 못한 것을 하느님은 모든 사람들이 공로를 얻게끔 허락해주셨다. 하느님이시며 인간이신 예수님은 인성과 신성 사이의 깊은 구렁에 다리를 놓으셨다. 예수께서는 하느님만이 하실 수 있는, 우리가 갚아야 할 빚을 적합하게 보상해주셨다. 예수께서는 *우리의 원죄*를 갚아주셨다.

이제 우리는 새로 태어난 아기가 무슨 이유로 인간 본성의 자연적 보증에 "지나지 않게" 이 세상에 들어온다는 것을 이해하게 된다. 하느님이 거처하시는 곳은 아직까지 그 영혼에게서는 부재적(不在的) 상태다. 그런 까닭에 그는 "원죄의 상태(state of original sin)"에 있다고 우리는 말한다. 하느님의 현존 안에 있는 상태는 우리가 은총이라고 부르는 것이다.

세례성사는 우리에게 우리의 원천적인 무(original nothingness)에서 "하느님의 자녀"라는 특권적 지위로 우리를 부상시키는 관계로, 교회는 교회법 770조에서 말하고 있듯이, 유아들은 "가능하면 빨리(as soon as possible)" 세례를 줄 필요성이 있다고 본다. 트렌트 공의회도 이것에 대한 중요성을 다음과 같이 강조하는 한에서 말하였다. "세례성사는 임의적인 것이며 구원에 필요치 않다고 말하는 사람이 있으면 그를 파문할 것입니다." "누구든지 물과 성령으로 태어나지 않으면 하느님 나라에 들어갈 수 없다."[31]

세례성사로 우리는 하느님의 자녀가 된다. 그리고 사탄과 우리의 전쟁과 함께 그 자의 작업이 시작된다.

■ 견진성사(Confirmation) ● ● ●

견진성사는 성령께서 강하고도 완전한 그리스도인들로서 그러면서도 예수 그리스도의 병사들로서 우리의 믿음을 고백할 수 있게 하는 성사다.[32]

견진성사는 우리로 하여금 예언자나 교사로서 그리스도의 역할에 참여케 하는 표나 인호를 준다.

안수를 받은 그리스도인은 *하느님의 병사*에 지나지 않는다. 그는 자신이 섬기는 대의의 임금께 부동의 충성심을 지니고 그

---

31) 요한 3 : 5.
32) *Trese*, p.278.

분을 위해 온갖 종류의 고통을 겪기로 준비한다. 그가 있는 곳이면 어디라도, 필요하다면 죽기까지 여하한 종류의 악을 거부한다. 그리고 기꺼이 그는 굳건한 충성으로 왕의 주권을 확장하려 힘쓴다.

■ 고해성사(화해성사, Sacrament of reconciliation) ● ● ●

고해성사는 죄를 소멸하는 데 목적이 있다. 고해성사는 우리의 전부이신 사랑의 하느님(all-loving God)의 마음을 상해드린 것에 대한 슬픔의 표현이다.

죄에 대한 슬픔은 우리가 살아가는 방법에 전적인 변화를 일으킨다. 그것은 죄에서 돌아서서 하느님께로 되돌아가는 것이다. 그것은 내적 슬픔으로 표시되고 마음에서 발사하는 내적 슬픔으로 표시되는 것이지 입술에서 나오는 것이 아니다. 또한 그것은 다시는 죄를 짓지 않기로 굳은 선택을 내포하는 의지의 행위다.

고해성사 혹은 오늘날 호칭되는 화해의 성사는 인간의 죄로 인해 생겨난 하느님과 인간 사이에 부서진 관계를 치유할 기회다. 화해를 시작하시는 분은 하느님이시다.

예수께서는 루카복음 5장 32절에서 이렇게 말씀하신다. "나는 의인이 아니라 죄인을 불러 회개시키러 왔다." 우리 죄를 용서하는 데 예수께서는 우리와 맺은 당신의 계약을 새롭게 하시면서 당신의 현존을 재차 단언하셨다. 예수께서는 이것을 당신의 죽으심과 부활하심으로 확증해주셨다.

우리가 고해성사로 하느님과 화해할 때, 우리는 하느님과 그분의 계약에 완전히 우리 자신을 다시 위탁해드린다. 그때 하느님은 우리의 죄를 용서하시고, 그분과 우리의 우정은 회복된다. 그분의 용서는 우리를 교회와 다시 일치시켜 사랑과 모범과 기도로써 우리의 회심을 요구한다.

악마는 이러한 성사에 대해 들끓는 증오심으로 길들여진다. 그 자가 우리로 하여금 범죄를 저지르게 함으로써 우리를 정복할 때, 고해성사는 우리를 그들에게서 해방시킨다. 고해성사는 그자들에게서 우리를 자유롭게 하고 영원한 저주의 가능성에서 해방시킨다.

그러므로 고해성사는 악마와 그의 모든 짓거리들에 대한 완전한 폐기다. 악마의 유혹이 제아무리 강하거나 약하거나 간에 우리의 결심은 하느님을 위해 일어서서 싸우는 것이다.

■ 성체성사(Sacrament of the Eucharist) ● ● ●

성사(聖事)라는 것은 거룩한 것을 내포하므로 그렇게 호칭된다. 성찬례(Eucharist)는 본질적으로 그리스도의 몸과 피이므로 거룩하다. "내가 생명의 빵이다."[33) 그것은 예수님의 *최고의 희생*이기 때문에 우리를 위한 예수님의 가장 큰사랑의 증거다.

나사렛에서 예수님의 숨은 생활은 복되신 성사의 신적 면병 안에서 계속된다. 수난은 미사가 계속되는 세상 곳곳에서 밤낮으로 매순간 새롭게 된다.

더구나 성찬례는 항상 생활과 연관되어 왔다. 음식이 육체를 보존하는 데 필요한 것이라면, 성찬례는 영(靈)의 생활(sustenance)을 위한 것이다. "너의 조상들은 만나를 먹고 죽었지만 …, 이 빵을 먹는 사람은 죽지 않을 것이다."[34) 우리 주님의 말씀은 충분한 보증이다!

그렇다면 우리가 예수님의 거룩한 이름에 호소할 때마다 악마가 두려워 떤다면, 우리는 그 자가 예수님의 바로 그 현존을 얼마나 많이 두려워하는지를 상상할 수 있다. 『현대 세계 안에서의 사탄의 징후(*The Evidence of Satan in the Modern World*)』라는 책자는 다음과 같이 언급하고 있다. 성체 앞에서 구마자(exorcist)가 부마자(possessed person)를 지도할 때면 언제든지 하느님 앞에서 축복하고 위축되는 동안 악마는 구마자를 저주하면서 온 시간 내내 극도로 피로케 한다.[35)

---

33) 요한 6 : 35.
34) 요한 6 : 49-50.

그러므로 하느님을 영성체로 정당하게 모심으로써 우리 자신을 하느님 현존으로 무장해야 할 것이다. 다른 모든 성사들이 그리스도께서 은총을 주시는 제도들이기는 하지만, 성체성사 안에서는 증여자이신 그리스도께서 친히 현존하신다!

■ 혼인성사(Sacrament of matrimony) ● ● ●

혼인은 세례를 받은 남녀가 법적인 결혼 생활로 서로가 하나되어 그들의 의무를 이행하는 데 부합하는 은혜를 받는다.

그리스도께서는 친히 참된 결혼을 존엄한 성사로까지 승화시켜주셨기 때문에 이러한 종류의 결혼이야말로 성사인 것이다.

결혼하기에 앞서 두 사람은 사탄을 몰아내기 위해 화해성사를 받기를 요구한다. 혼인성사는 미사 중에 받는데 거기서 남녀 한 쌍은 성체를 받아 모심으로써 그리스도와 하나가 된다.

이러한 준비로 결혼은 참으로 길고도 결실 있는 관계성의 표지가 된다. 그러나 이것은 악마가 모아들일 수 있는 온갖 간계와 전법을 다해 부부를 갈라지게 할 수 없으리라는 것을 의미하지는 않는다. 그러나 사탄은 남편과 아내가 둘 다 서로간에 그리고 하느님과 맺은 계약에 충실하다면 어떠한 결혼도 갈라놓거나 떼

---

35) Leon Christiani, *Evidence of Satan in the Modern World*, 1988. p.10.

어놓을 수는 없다.

■ 성품성사(Holy Orders) ● ● ●

사제로 수품된 사람들은 모두 교황 요한 바오로 2세가 지칭한 제2의 그리스도(alter Christus)가 된다. 그들은 "또 하나의 그리스도"다. 그들의 서품으로 말미암아 사제들은 "하느님의 나라가 아닌"36)이 세상에서 모순(contradiction)이 된다.

모든 성사를 제정하신 그리스도의 표현은 하느님의 거룩하신 뜻을 완수하는 데에서 성직자들을 중요하게 삼으신다. 하느님께서 당신의 성사들을 가시적이게끔 하는 것은 사제들을 통해서다. 이 때문에 성 프란치스코는 자기 앞에서 한 천사의 발현과 가장 거룩하지 못한 사제를 보아야 한다면, 그는 먼저 사제들에 대해 존경심을 보이겠다고 했다. 왜 그랬을까? 우리 죄를 사해주는 분이 사제이고 우리에게 예수님의 몸과 성혈을 영해 주는 분이 사제며 그리스도는 사제를 통해서 우리 안에 현존하시기 때문이다.

악마는 사제를 몹시 싫어한다. 그런데 아주 당연하게도 사제 역시 주교의 허락을 받아 구마하는 능력을 지니며 모든 악마적 활동을 중단시킨다.

---

36) 요한 18 : 36.

성품성사는 원수의 계획들을 꺾도록 하느님이 주신 또 하나의 중요하고 강력한 무기다. 사제직은 이 지상에서 그리스도의 능력과 권위의 물리적 연속성이다. 그러므로 사제들의 **모든** 행동으로 그리스도를 "대리하는(represent)" 것은 사제들의 장엄한 의무다.

■ 병자성사(마지막 도유, Extreme Unction) ● ● ●

우리들이 싸워야 할 가장 힘들고 어려운 전쟁은 우리가 죽는 순간에 닥칠 것이다. 여기서 사탄은 우리의 영혼을 지옥으로 끌고 가려는 속셈으로 가장 강력한 공격을 시도할 것이다. 바로 그 시간에 우리는 성모 마리아께 "이제 와 저희 죽을 때 저희 죄인을 위하여 빌어주소서"라고 간청할 필요가 있다.

그렇지만 하느님은 우리를 무력하게 남겨두지 않으실 것이다. 그러므로 하느님은 환자의 기름 바름의 성사와 마지막 도유(塗油)의 성사를 제정하시어 사탄으로 하여금 궁지에 **빠지도록** 하셨다.

첫째, 임종자는 성령의 힘을 얻기 위하여 자신의 세례서원을 갱신한다. 성령께서는 임종하는 영혼에게 강한 힘을 부여하시고 모든 악에서 돌보아주신다. *둘째*, 임종자에게 총고해를 하도록 부탁한다. 어떤 사람이 죽는 순간 통회하는 마음으로 자신의 모

든 죄를 고백한다면 그를 붙잡고 있던 악마의 힘은 제거될 것이다. *셋째*, 그 사람은 노자성체(路資聖體, Holy Viaticum)로 우리 주님을 영접한다. 임종하는 영혼에서 하느님 그 자체의 현존보다 무엇이 더 사탄을 저 멀리 몰아낼 수 있겠는가? *마지막*으로 임종하는 사람은 크리스마 성유를 바름으로 하느님의 선민 중의 한 사람으로 봉인된다.

이러한 모든 방어책으로 악마는 영혼을 지옥에 빠뜨릴 수 없을 것이다. 그 자의 책략들이 제아무리 능하더라도 그것들은 무력해질 것이다.

또다시 하느님은 성사들의 제도(institution)로 당신의 무한한 선성을 우리에게 보여주신다. 그분께서는 우리에게 가능한 모든 기회를, 심지어는 죽는 순간에도 변화하고 회개할 수 있는 기회를 베푸신다. "주님 안에서 죽는 이들은 행복하다!"

제19장 │ 준성사

준성사(準聖事, sacramental)라는 말은 "성사와 같은 어떤 것"
이라는 뜻이다. 그러나 성사와 준성사라는 의미는 서로간에 큰
차이점이 있다. "*성사*(*sacrament*)는 영혼들에게 은총을 주기 위
한 목적으로 그리스도께서 제정하신 외적 표지이고, *준성사* 역
시 외적 표지이기는 하지만 본질적으로 은총을 주는 것은 아니
다."[37] 성사들은 "하느님께 순응하는 은총을 청하는 믿음과 사
랑의 정감"[38]을 일으켜 은총에 대한 갈망을 우리 안에 자리잡게
한다. "그리고 우리에게 다가오는 모든 은총은 우리의 좋은 의향
과 모든 준성사들을 뒷받침하는 교회의 세찬 기도의 힘에서 나

---

37) *Trese*, p.434.
38) 위의 책.

온다."[39] 이것들은 준성사들을 효력 있게끔 하는 은총의 이중적 자료다.

우리 모두는 하느님이 우리에게 주시는 이 "보조적" 무기들을 유리하게 사용해야 한다. 왜냐하면 믿음과 신심을 가지고 그것들을 사용하는 그리스도인들은 악마적인 간섭에 대항하여 영적인 선익과 보호를 받을 것이기 때문이다."[40]

■ 준성사의 형태와 종류들 ● ● ●

준성사들은 영적이면서 현세의 축복을 주기 위해 교회가 정한 표지들이다. 그리고 그것들은 두 가지 종류가 있는데 하나는 영구적인 것이고 다른 하나는 일시적(transient)인 것이다.

*영구적인 준성사*는 축복된 "대상들(objects)"이다. 그러한 것들로는 신심의 품목이나 물품들로서 초, 유골(ashes), 손바닥, 십자가, 메달, 묵주, 스카풀라(scapulars), 주님과 성모님의 상 그리고 성인들의 성상들이 있다.

일시적인 준성사란 교회의 봉사자들과 그 권위에 의해 수행되는 "거룩한 행위들(sacred actions)"이다.

---

39) 위의 책, p.248.
40) Corrodo Balducci, *The Devil* (New York : Alba House, 1990).

■세 가지 종류의 거룩한 행위● ● ●

세 가지 종류의 거룩한 행위가 있으니, 축성이나 봉헌, 축복 그리고 구마(exorcism)다.

축성(*consecration*)으로써 사람들은 사제 수품이 아닌 차부제직(the office of sub-deacons)과 같은 어떤 성무(Sacred Office)를 받는다. 또 그러한 것으로는 교회가 물건들을 불경스런 사용에서 거두어들여 그것들을 교회와 제단, 성작 등과 같이 하느님께 예배드리는 전례용으로 봉헌하는 경우다.

축복(*blessing*)으로써 우리는 집과 들과 작물, 자녀들과 병자들에 대한 축복의 경우처럼 축복 받는 대상이나 사람에게 내리는 하느님의 자비와 보호를 의미한다.

묵주를 축복하는 사제의 *행위*는 일시적인 준성사이기는 해도 이러한 계열에 속한다는 것을 우리는 알아야만 한다. 그리고 축복된 묵주는 영구적인 준성사를 받은 것이다.

아주 특별한 종류의 준성사적 행위는 **구마**가 있는데, 이 준성사로써 교회는 그리스도의 이름으로 악마가 붙은 사람의 몸에서 악마로 하여금 떠나가도록 명령을 내린다. 구원 이전에 사람과 자연을 지배하는 사탄의 규율은 지금 현재보다 훨씬 더 엄청났다. 이러한 까닭으로 마귀 들린 일들은 지금보다 해골터 앞에서 훨씬 더 자주 일어났다. 예수님의 죽음은 인간을 구원하시어 이 지상에서 사탄의 지배권을 쳐부수었다.

■ 십자 성호 ● ● ●

예수께서는 *당신의 십자가*로 사탄의 왕국을 정복하셨다.[41] 악마가 이 거룩한 표상에 대해 그토록 대단한 증오심을 품고 있다는 것은 당연하다. 십자가의 고통과 공포를 대하기보다는 오히려 자기의 악의 있는 지향을 악마는 수치심에서 즉각적으로 멈추려 지독히 애쓰고 있다.[42]

십자 성호에 대한 악마의 증오는, 성호를 그음으로써 즉시 악마를 내쫓은 성 베드로 줄리안 에이마르드(St. Peter Julian Eymard)와 성 안토니오, 성 비안네와 다른 많은 성인들에 의해 증명된 바 있다. "개는 자기를 때린 몽둥이를 피해 달아나듯이 악마는 십자가를 몹시도 싫어한다."[43]

악마가 십자가를 증오하는 또 다른 이유는 그리스도의 수난과 죽으심에 대해 기억하고 묵상하는 사람들에게 내려지는 십자가

---

41) 콜로 2 : 14-15.

42) St. Cyril of Jerusalem, PG XXXIII, 774.

43) P Tireo, Daemoniact …, *Coloniae Agrippanae* 1614, p.153.

의 커다란 영적인 이득 때문이다. "십자 성호로 마귀를 대면한다는 것은 그리스도의 수난으로 그 자를 대면하는 것이고 구세주의 공로를 통해 하느님께 청하는 것이다."[44]

십자가에 못 박히신 성자의 모습처럼 우리에게 하느님의 무한하신 사랑을 너무나도 생생하게 상기시켜주는 또 다른 표가 있을 수 없으니, 그것은 "우리가 영원한 생명을 얻을 수 있게끔 하는" 십자가에 못 박히신 아드님의 상(像)이다. 그리고 우리 죗값을 보상해주시는 예수님을 볼 수 있는 이 선물보다 슬픔에 가득 찬 회개로 우리를 움직이게 하는 것은 있을 수 없다. 그 어떤 것도 우리에게 매일의 시련에서 우리의 모든 고통에 의미와 가치를 부여하는 십자가에 못 박히신 그리스도의 이 고통스러운 상보다 우리를 더 격려해줄 수 있는 것은 없다.

■ 예수님의 이름 ● ● ●

예수께서는 십자가에 죽기까지 하느님의 뜻에 완전히 일치하고 순종하시면서 이 지상 생활을 하셨다. 성 바오로는 "그러므로 하느님께서도 그분을 드높이 올리시고 모든 이름 위에 뛰어난 이름을 그분께 주셨습니다. 그리하여 예수님의 이름 앞에 하늘과 땅 위와 땅 아래에 있는 자들이 다 무릎을 꿇고 예수 그리스도는 주님이시라는 것을 모두 고백하며 하느님 아버지께 영광을

---

44) 위의 책, p.153.

드리게 하셨습니다"[45]라고 말한다. *구마예식에서 마귀를 쫓아내는 것은 항상 예수 그리스도의 이름으로 행해진다!*

■ 축복되는 대상들 ● ● ●

교회는 적합한 기도와 양식으로 축복되는 대상들 위에 특별한 힘을 수여한다. 우리에게 가장 뚜렷한 한 가지 준성사의 본보기는 성수(聖水, *holy water*)다. 성수는 소죄(venial sin)를 씻어주는 준성사다. 물에 가해진 축복으로 교회는 특별히 화재, 폭풍, 질병 그리고 다른 재난과 같은 위험이 닥칠 때, 물의 사용을 강력히 권장한다. 모든 가톨릭 신자들의 집에는 언제나 성수를 지니고 있어야 한다. 성수는 소량의 소금이 섞인 순수한 물이다. 교회는 (사제를 통해) 먼저 물을 축복하고 그 다음 소금을 축복하고 나서 마지막으로는 합성된 성분을 축복한다. 우리는 성수 기도로써 명시되는 바와 같이 악마를 대항하는 데 성수는 유력한 무기가 됨을 알 수 있다. "… (성수가) 뿌려지는 장소들에서 모든 귀신과 악행을 멀리 몰아내시고 무서운 속임수와 더러운 모든 영을 내쫓으소서 …." 물을 축복할 때는 다음의 기도를 간청한다. "이 물이 악령들을 몰아내게 하소서 …. 숨어 있는 적의 간계들이 더 이상 쓸모 없음을 입증케 하소서 …." 비슷한 기도가 소금 위에 바쳐진다. "… 이 소금이 더러운 영의 모든 공격을 비켜가게 하고 독사의 두려움을 내치게 하소서!"

---

45) 필리 2:9-11.

집에 가지고 있어야 할 또 다른 축복의 대상은 초다. 초기 그리스도인들은 세상의 빛이신 그리스도의 상징으로 초를 사용하였는 바, "그분께서는 죽음의 그늘진 골짜기에 간다 해도 우리를 찾아주시고 우리의 발을 평화의 길로 인도하시나이다."46)

교회는 아주 일찍이 신적 예배에 초를 사용하는 것을 명확하게 규정함으로써 상징성을 성화시켰다. 즉, 신자들은 미사 중에, 대부분의 성사들 집전 시에 그리고 다른 여러 신앙 예식에서 촛불들을 켜야 한다. 또한 사나운 폭풍이나 심한 시끄러운 일들이 있을 때 하느님의 섭리를 상기하고 그분의 사랑스런 돌보심을 믿는 행위로 여길 때면 촛불을 켜놓아도 좋다.

널리 사용되는 또 다른 준성사는 가르멜의 성의(스카풀라)다. 수도원의 성의, 즉 스카풀라(scapular, 라틴어에서 나온 *스카풀라*라는 뜻은 "어깨뼈(견갑골, shoulder blades)"라는 의미를 지니고 있음) 수도승의 머리 위에서 그의 웃옷 위쪽 앞뒤로 내려 걸쳐 입는 긴 옷자락이다. 평신도들이 입는 스카풀라는 편의상 점점 작아지더니 마침내 오늘날 우리가 지니는 작은 스카풀라로까지 발전되었다.

갈색 스카풀라의 인기는 주로 성 시몬 스톡(St. Simon Stock)의 복되신 성모님에 대한 환시에 그 기원을 두고 있다. 성모님께

---

46) 시편 23 : 4.

서는 성인에게 약속하시기를 당신의 스카풀라를 몸에 지니는 사람이면 누구나 대죄 상태로 *죽지 않을 것*이라고 하셨다. 그의 환시는 우리의 경건한 전통의 몫으로 받아들이고 있는 것이지 신앙의 문제는 아닌 것이다. 그러나 스카풀라 착용을 장려하고 대사를 내려주는 많은 교황들의 권고를 따르도록 할 것이다. 왜냐하면 그것은 "하느님의 어머니께 우리를 봉헌하는 표지며 암시"인 까닭이다.47)

■ 성해와 성상들 ● ● ●

전 세계의 성당에 모셔진 수많은 봉헌물(votive offering)들은 성해들(relics)과 성상들의 놀라운 힘을 증거해준다. 그러므로 "하느님은 그러한 것들을 이용하시어 성해와 성상들이 드러내는 각각의 성덕을 확증해주신다. 하느님의 은총과 축복의 분배자들로 그것들을 이용하시면서 하느님은 또한 그들이 특별하게 은혜를 받은 영혼들로서 우리가 위대한 성덕을 본받고 감사하도록 자극해주시는 것을 우리로 하여금 보게 하신다."48)

성인들의 성해와 성상은 악마의 공격을 막아내는 위대한 무기다. 악마는 이 위대한 거룩함의 승자들을 대단히 싫어하고 무서워한다. 그들 중에는 이 세상에 살아 있을 때 성 요한 비안네,

---

47) *Trese*, p.439.
48) Balducci, *Op cit.*, p.159.

성 요한 보스코, 아빌라의 성녀 테레사 그리고 많은 다른 성인들과 같은 이들이 악령에 들린 사람들의 강한 공격을 받아야 했다. 하느님께서는 이 성인들에게 그들의 생애 동안 고통을 받는 반복된 공격에 대한 승리의 상급으로 악마를 지배하는 힘을 주신다.

집이나 자동차 안에, 아니면 우리 각자가 사진이나 메달, 작은 십자가, 묵주와 다른 축복된 물건들을 모신다는 것은 높이 추천할 만하다. 악령들과 치르는 우리의 영적인 투쟁에서 이 모든 것들은 우리로 하여금 승리를 가져오게끔 하는데 특별한 힘으로 전달된다.

■ 결 론 ● ● ●

예수 그리스도를 통한 하느님과 우리의 성사적 만남은 베일로 가려진 어떤 것이다. 그럼에도 불구하고 그것은 우리 안에 하느님의 행위를 대표하는 까닭에 점차 그 모습을 드러내고 있다. 물은 정화와 생명을 상징하고 빵과 포도주는 자양분을 의미하며 기름은 힘과 치유를 의미한다. 가톨릭의 가르침에 의하면 이것이 의미하는 바는 그리스도께서 그러한 것들을 통해 성사를 세우셨다는 것이다.

전례를 통해 우리는 모든 성사 예식으로 주님의 죽으심과 부활하심 그리고 승천의 신비에 이끌린다.

그러므로 착한 가톨릭 신자들은 준성사를 이용하는 것을 거부한다거나 이 성사를 불손하게 다루지는 않을 것이다. 성 바오로는 이렇게 말한다. "… 거부할 것이 하나도 없습니다. 사실 그것들은 하느님의 말씀과 기도로 거룩해집니다."[49]

---

49) 1티모 4:4.

옮긴이의 글

   세상이 온통 혼란스럽다. 그러다 보니 사람의 정신과 마음과 영혼도 혼란스럽지 않을 수 없다. 혼란을 넘어서서 정신을 잃을 정도다. 이렇듯 세상을 혼란지경으로 몰아넣어 평상심마저 간수하지 못하게 만든 주역은 다름아닌 인간이라는 데에 문제가 있다. 주관이 객체를, 인간이 세상을 그렇게 만든 것이다.

   주관으로 돌아서야 한다. 객체인 외부 세계는 주관에 의해 좌지우지되기 때문이다. 그렇다고 절대적 주관주의를 고집하자는 말은 아니다. 단지 혼란을 추스르고 질서와 통일을 가져다주는 세계를 주관성 안에서 한번 합의 · 모색해보자는 것이다. 그렇다고 칸트적 주관이나 선험성으로 회귀하자는 것도 아니다. 왜냐하면 칸트는 경험의 자료를 선험적 주관으로 통일과 조화를 이루어냈을망정 초월적 요소들을 이념으로 간주한 탓에 극복 불가한 이원적 사고에 빠져드는 우를 범했기 때문이다. 진정한 주관은 그런 것이 아니다. 세계를 제대로 정위할 수 있는 주관이란 아우구스티노적 의미의 절대자를 정신과 마음에서 만나 암호로 말씀하시는 그분을 청취하고 각자의 문자로 해독(解讀)해내는 능력을 지닌 산실이다. 이것이야말로 혼란한 상황을 마주하며 살아가고 있는 이 시대 사람들이 가꾸어내야만 하는 막중한 사명인 것이다.

이 책자는 그리스도 신자들을 위해 쓰여진 영성 서적이다. 옮긴이는 철학도이지만, 철학이 제시하는 주관의 한계성을 인식하고 그 영역에 끝없는 무상의 손길로 빛을 건네시는 이성 중의 참 이성이며 보편 정신이신 하느님의 뜻하심과 거느리심에 매료되어 우리말로 번역하게 되었다. 주관이 절대적이면 절대자를 만나지 못한다. 그럴 경우 그것은 흔히 불가지론이나 무신적 사고로 이어질 수밖에 없다. 근대의 이성만능주의나 북한의 주체사상이 바로 그런 경우다. 거기에는 신이 들어설 자리가 없다. 이성지상주의와 인간 두뇌의 무분별한 사용이 화를 부른 경우다. 인간은 이성으로 모든 것을 제어할 수가 없다. 이렇듯 이성의 한계성을 절감하고자 우리는 끝없는 철학에 몸을 담그고 있는지도 모른다.

이 책은 신앙의 견지에서 만사의 혼란을 녹이고 평안을 쟁취하도록 기운을 불어넣는 거룩한 영들로 채워져 있으며 이성을 초월하는, 그러면서도 이성적 인간이 초월자와 조우하도록 뒷받침해주는 가톨릭 교회의 큰 가르침을 담아내고 있다. 어떤 면에서는 매우 보수적인 색채를 띠고 있기에 고리타분한 인상을 받을 수도 있겠지만, 본래 그런 것이 정통적인 가르침의 색채이려니 생각하면 오히려 마음이 차분해질 것이다.

이 책의 내용은 그렇다. 혼란한 세계의 한쪽 구석에는 악의 현존으로서 악마가 논의되고 있으며, 빛의 세계에서는 그 수혜자, 보존자로서 성모님과 천사들(특히 미카엘 대천사) 혹은 성인들의 삶이 그려지고 있다. 또한 성령의 은사들이 나열되면서 신앙생활을 더욱 공고히 할 수 있는 여지를 새롭게 마련해주고 있다. 이렇듯 신적 조명으로 물들여지게 되면 주관은 새롭게 변화될 수 있으며, 그 변화의 파장은 혼란한 세계를 이상적인 왕국으로 변모시키는 힘으로 작용하게 된다. 세상에 유토피아는 있을 수 없다. 혼란스런 세상만 없어도 다행인 줄 안다. 인간이 꿈꾸는 이상계는 하느님의 나라가 임할 때만 가능하다. 그런 세계가 앞당겨지도록 하기 위해서라도 각자는 하느님의 강한 무기로 무장할 필요가 있다.

세상 천지 어느 것 하나 성한 것이 없는 지금, 그나마 마음속 깊은 곳에 겨우 남아 있는 순수 주관에 불꽃을 당기고자 무진 애를 쓰시는 하느님의 크신 사랑에 우리 자신을 기꺼이 내맡길 때 만사는 혼돈의 상처를 딛고 일자(一者)이신 그분 안에서 "우리의 영적 친구(our spiritual allies)"로 재생하여 한량없는 기쁨을 노래하게 될 것이다.

　이 책을 옮기는 데 영적 조언과 여러모로 도움을 아끼지 않으신 인천교구장 최 보니파시오 주교님과 주변의 모든 분들께 감사드린다. 그리고 늘 신뢰와 사랑의 눈길을 보내시며 이번에도 이 책의 출판을 흔쾌히 허락해주신 <철학과현실사> 사장님과 임직원 여러분들께도 진심으로 감사드린다.

2006년 7월 5일
성 김대건 안드레아 사제 순교자 대축일에
옮긴이 김 현 태

□ 지은이 / 에드가르도 아렐야노(Edgardo M. Arellano)
아렐야노 신부는 교회 법학자이자 신학자로서 현재 예수 성심과 성모 성심의 연맹을 통해 가정 생활의 성화를 증진시키고자 국제 '성가정동맹국'의 영적 지도자 겸 주요 대표자로 지명을 받아 일하고 있다. 주요 저술로는 『당신의 영적 투쟁을 승리로 이끄는 방법(How to Win Your Spiritual Warfare)』, 『하느님의 강한 무기로 무장하십시오(Put On God's Mighty Armor)』, 『명확한 계약과 관상 생활(A Definitive Covenant, and Contemplative Life)』 등이 있다. 또한 「그들 성심들 안에 하나(One in Their Hearts)」라는 프로그램 사회자로, 영원한 말씀의 텔레비전 방송망(Eternal Word Television Network)에 정규적으로 출연하고 있다.

□ 김현태
가톨릭대 신학부와 동 대학원을 졸업하고, 로마 교황청립 안토니안대에서 철학 박사 학위를 받았으며, 가톨릭대 성신캠퍼스 교수, 가톨릭대 부설 중세사상연구소장, 프란치스칸사상연구소 초대 소장 등을 지냈다. 지금은 강화 천주교회 주임 신부이자 인천가톨릭대 철학 교수로 있다. 주요 저서로는 『중세기의 교회와 국가』, 『수도 생활과 사도직』(공저), 『데카르트와 후설 비교론』, 『내 탓이오』(공저), 『과학과 신앙』(공저), 『둔스 스코투스의 철학 사상』, 『철학의 원리 I』, 『종교철학』, 『현대 사회와 자유』(공저), 『철학과 신의 존재』, 『중세철학사』, 『그리스도교 사상의 기원과 발전』, 『철학과 그리스도교 문화 탐색』, 『명민한 박사 둔스 스코투스의 삶과 사상』 등이 있으며, 역서로는 『인간을 위한 미래 건설』, 『프란치스칸 휴머니즘과 현대 사상』, 『성녀 글라라에 관한 초기 문헌들』(공역), 『하느님 섭리에 내맡김』, 『고통의 가치 — 희생 제물의 내적 기쁨』, 『인식론』 등이 있다.

하느님의 강한 무기로 무장하십시오
— 우리의 영적 친구들

초판 1쇄 인쇄 / 2006년 7월 15일
초판 1쇄 발행 / 2006년 7월 20일
초판 2쇄 발행 / 2006년 9월 30일
초판 3쇄 발행 / 2007년 6월 5일

■

지은이 / 에드가르도 M. 아렐야노
옮긴이 / 김 현 태
펴낸이 / 전 춘 호
펴낸곳 / 철학과현실사
서울특별시 서초구 양재동 338의 10호
전화 579—5908~9

■

등록일자 / 1987년 12월 15일(등록번호 : 제1—583호)

■

ISBN 89-7775-590-5 03230
*잘못된 책은 바꾸어 드립니다.
*지은이・옮긴이와의 협의에 따라 인지를 생략합니다.

값 12,000원